뷰티살롱 경영 노하우와 마케팅의 모든 것

뷰티살롱
운영 바이블

신 희 선 저

뷰티 살롱 운영 바이블

1판 1쇄 인쇄 2023년 4월 5일
1판 1쇄 발행 2023년 4월 10일

발행인 김영대
편집디자인 임나영
펴낸 곳 대경북스
등록번호 제 1-1003호
주소 서울시 강동구 천중로42길 45(길동 379-15) 2F
전화 (02)485-1988, 485-2586~87
팩스 (02)485-1488
홈페이지 http://www.dkbooks.co.kr
e-mail dkbooks@chol.com

ISBN 978-89-5676-950-9

prologue

왜 이 책을 읽어야 할까요?

책을 쓰고 있자니 신념만 가지면 무엇이든 다 해낼 수 있을 거 같았던 7년 전이 생각납니다. 상권 분석을 해설한 책 몇 권을 읽고는 상권 분석 전문가가 된 것처럼 '저기는 저래서 안 되고, 여기는 이래서 안 된다.'며 잘난 척했던 시절이 있었지요. 막상 매장을 계약하고 사업자등록증을 발급받으면서 최소한의 기초적인 것도 몰라 허둥지둥하던 저의 모습이 생각납니다.

이런 실수와 시행착오를 발판 삼아 리더의 마음가짐과 자세, 고객을 위한 매장 관리와 서비스, 직원들과 함께 만들어가는 직장으로 매장을 채워 나갔습니다. 시행착오가 없었다면 이루지 못했을 현재입니다.

아무리 작은 매장이라도 운영 방법을 제대로 알고 하는 곳과 알지 못하고 운영하는 곳은 천지 차이입니다. 이는 당장의 문제가 아니라 매장의 지속 성장과 직결되는 문제이기 때문에 매우 중요합니다. 업종을 막론하고 기본적인 매장 운영 원칙은 거의 유사합니다. 이 책에서는 직원 관리와 운영에 특화된 저의 강점을 살려 노하우를 공개하도록 하겠습니다.

1장에서는 매장 운영의 노하우를 알려드립니다. 매장 운영은 크게 직원 관리, 고객 관리, 매장 관리, 마케팅으로 나눌 수 있습니다. 필자는 직원 관리를 할 때 상대의 마음을 잘 읽고 그 사람만의 특장점을 잘 캐치하여 그가 성장할 수 있게끔 돕고 있다고 자부합니다. 이 모든 것을 아우를 수 있는 것이 바로 매뉴얼의 수립입니다. 매뉴얼의 중요성과 만드는 방법, 매뉴얼 안에 모든 매장 관리 방법이 내포될 수 있도록 구성하는 방법을 알려드립니다. 필자는 특히 운영 매뉴얼을 잘 만드는 것으로 주변의 높은 평가를 받고 있습니다.

2장은 매장 운영은 단순히 기술적인 매뉴얼만 가지고 잘 운영될 수 없고, 대표자의 철학이 반드시 확립되어 있어야 한다는 내용입니다. 철학은 사업을 오래 지속 성장시킬 수 있는 중요한 요인입니다.

3장에서는 철학을 가진 매장 운영과 더불어 안주하지 않고 새로운 시장을 개척해 나아가는 방법에 대해서 말씀드리고 있습니다. 어느 분야든지 어려움이 존재합니다. 어려움을 극복하고 더 나은 시장을 찾아내는 것은 사업가로서 당연한 일이겠지요.

20년간 실전에서 보고 듣고 실행하고 깨달은 저만의 노하우를 이 작은 책 안에 정성껏 담았습니다. 모쪼록 이 책이 여러분의 매장 운영에 작은 도움이 되길 소망합니다.

2023년을 시작하며

네일 포유 대표 신희선 드림

Part 1

살롱 운영 실전 노하우

직원 관리 노하우

소규모의 1인 매장이 아니라면 직원 고용은 필수겠죠. 하지만 요즘 상황을 보면 직원 한 명 고용하는 일도 쉽지만은 않습니다. 이직률 또한 높아서 좋은 직원과 오래도록 함께 하려면 많은 어려움이 따릅니다.

이럴 때는 직원 관리 노하우가 그 해답이 될 수 있습니다. 좋은 직원들과 함께 오래 일할 수 있는 방법을 제시해 드리겠습니다.

직원은 매장의 첫 번째 고객이다

직원은 우리 매장에 꼭 필요한 인격적 존재입니다. 일전에 주유소에 간 적이 있습니다. 주유소에 가면 손님들이 별 생각 없이 "3만 원!"하고 직원들에게 단답형 주문을 하곤 하지요. 혹시 직원이나 아르바이트생은 함부로 대해도 괜찮다고 생각하신 적 있으신가요? 주문하는 사람이야 큰 의미를 두지 않고 말한 것이겠지만, 직원들의 심정은 어땠을까요? 직원들도 집에 가면 누군가의 소중한 자식이거나 가족입니다. 직원들은 소모품이 아닙니다. 그렇기 때문에 무엇보다도 직원들을 인격을 가진 존재로 대해야 합니다.

저는 면접을 볼 때 전 직장에서 퇴사한 이유를 꼭 물어보는데요. 퇴사한 이유는 그 회사가 안고 있는 문제점일 수도 있고, 퇴사한 직원이 회사를 바라보았던 시각 차이라고 볼 수 있습니다.

"사장님이 저를 인격적으로 대해주지 않으셨어요."
"출근하면 전날 사장님이 드신 식사 설거지까지 맡아서 해야 했어요."
"무시하거나 모욕적인 언행을 많이 하셨어요."
"저를 소모품처럼 대해서 계속 근무하기 싫었어요."

이런 이야기들을 흔히 듣습니다. 오너는 자신 이외의 모두를 고객으로 생각해야 합니다. 직원은 우리 회사 또는 매장의 첫 번째 고객입니다. 고객을 응대할 때와 같은 마음으로 직원을 대한다면 직원을 회사의 충성 고객으로 만들 수 있습니다. 직원을 돈을 버는 수단으로만 대한다면 어떤 일이 벌어질까요? 대부분 직원들은 인격적인 대우를 받지 못한 데 대해 불만을 품고 퇴사를 결심하게 될 것입니다. 직원을 비전이나 희망 없이 소모품처럼 대하기, 업무 과다, 복지 혜택 부족, 사장의 개인 용무 시키기 등이 퇴사의 주된 이유였습니다.

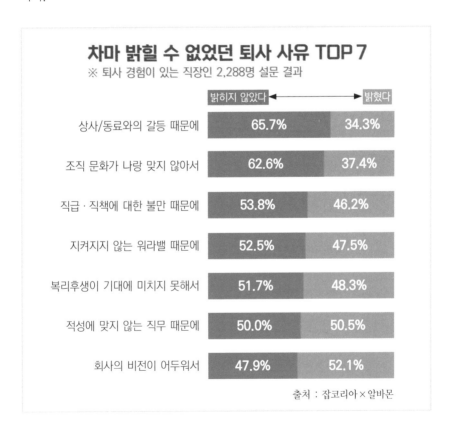

차마 밝힐 수 없었던 퇴사 사유 TOP 7
※ 퇴사 경험이 있는 직장인 2,288명 설문 결과

	밝히지 않았다	밝혔다
상사/동료와의 갈등 때문에	65.7%	34.3%
조직 문화가 나랑 맞지 않아서	62.6%	37.4%
직급·직책에 대한 불만 때문에	53.8%	46.2%
지켜지지 않는 워라밸 때문에	52.5%	47.5%
복리후생이 기대에 미치지 못해서	51.7%	48.3%
적성에 맞지 않는 직무 때문에	50.0%	50.5%
회사의 비전이 어두워서	47.9%	52.1%

출처 : 잡코리아 × 알바몬

또한 직원은 매장의 얼굴입니다. 직원을 무시하거나 단순히 돈을 버는 수단으로 대한다면 그 마음이 고객에게 불친절이나 불손함으로 전해질 수 있습니다. 고객을 직접 만나고 응대하는 사람은 바로 우리의 직원들이기 때문입니다. 직원을 매장의 첫 번째 손님처럼 대해야 하는 이유가 여기 있는 거죠. 고객 또한 직원들의 행동을 지켜보고 매장을 판단하기도 합니다. 관리가 잘되는 매장인지, 제품이나 서비스가 믿을 만한지를 평가하여 재방문 여부를 결정합니다. 주유소의 예처럼 고객이 직원을 무시하는 상황도 생깁니다.

고객이 직원들을 존중하게 하는 가장 쉬운 방법은 사장이 본보기가 되는 것입니다. 매장에서 직원을 존중하는 모습을 보여주는 것이지요.

다음은 스노우폭스 김승호 회장의 〈공정 서비스 권리 안내문〉입니다.

"우리 직원이 고객에게 무례한 행동을 했다면 직원을 내보내겠습니다.
그러나 우리 직원에게 무례한 행동을 하시면 고객을 내보내겠습니다.
상품과 대가는 동등한 교환입니다.
우리 직원들은 훌륭한 고객들에게는
마음 깊이 감사를 담아 서비스를 제공하겠지만,
무례한 고객에게까지 그렇게 응대하도록 교육하지는 않겠습니다.
우리 직원들은 언제 어디서 무슨 일을 하든지 존중을 받아야 할
훌륭한 젊은이들이며, 누군가에게는 금쪽같은 자식이기 때문입니다."

– 중략 –

사장이 직원을 먼저 존중하고 보호하면 고객들도 직원들을 함부로 대할 수

없습니다. 존중받는다고 여기는 직원들은 스스로 자긍심을 갖게 됩니다. 자긍심을 가지고 일하는 직원들은 즐거운 마음으로 일을 하게 되어 결과적으로 좋은 성과를 냅니다. 이런 긍정적인 모습은 고객에게도 바로 전달되지요.

또 정기적으로 개인 면담이나 대화를 통해 직원들의 상태를 살피는 것도 필요합니다. 무엇을 원하고 있는지, 불편하거나 힘든 부분은 없는지 체크합니다. 평소에 하지 못했던 이야기도 개인 면담 시간을 통해 편안하게 털어놓다 보면 더 많은 해결 방법들이 생깁니다. 이렇듯 더 나은 직장으로 만들기 위해 노력해야 합니다.

면접과 채용의 중요성

성공적인 매장 운영을 위해서는 우리 매장과 잘 맞는 사람을 만나는 것이 무엇보다 중요합니다. 인재상이 필요한 이유이기도 합니다.

"일을 하겠다는 거야 말겠다는 거야."
"출근은 늦게 하고 퇴근은 빨리하고 싶고?"
"급여 받을 건 다 받고 싶으면서 일은 하기 싫고?"
"우린 꼼꼼하게 일을 처리할 줄 아는 사람이 필요한데, 영 아니네."

매장을 운영하는 사람들을 만나면 대부분 직원들 욕하기 바쁩니다. 하지만 잘 생각해 보세요. 직원들 욕할 필요 없습니다. 나와 맞지 않는 사람을 선택한 건 아닌지 되짚어 보아야 합니다.

그렇다면 우리 매장과 잘 맞는 직원을 어떻게 뽑을 수 있을까요? 채용 전에 우리 매장과 잘 맞는 사람에 대한 인재상을 먼저 수립해 놓는다면 채용이 조금 더 원활하게 이루어질 수 있습니다. 인재상이 세워져 있지 않다면 대충 소선만 보고 직원을 뽑게 되는데, 며칠 일을 함께하다 보면 곧 문제점이 드러납니다. 직원들은 가족보다 더 많은 시간을 함께 일하며 보내게 됩니다. 그러므로 신중하게 채용해야 합니다.

예를 들면 단순히 꾸미는 작업이 좋아서, 손으로 하는 것이 좋아서 뷰티 업을 시작한 사람들은 뷰티 산업이 철저한 서비스업이라는 인식이 없습니다. 업의 특성을 충분히 이해하지 못한 사람과 일을 진행하다 보면 상당한 마찰이 발생합니다. 친절함이 왜 필요한지 이해하지 못하고 자신의 감정을 앞세웁니다. 친절을 굽실거림과 착각한 결과지요. 이는 잦은 고객 클레임을 불러오고, 결국 퇴사로 종결됩니다.

필자가 운영하는 네일 숍에서는 직원들의 기술력 부족에 따른 어려움이 많이 발생합니다. 부단한 연습을 통해서만 좋은 기술을 갖출 수 있는데, 나태한 사람이라면 실력이 늘지 않겠죠? 또한 뷰티 살롱은 사람과 사람이 대면하여 서비스가 이루어지는 곳이기 때문에 무엇보다 위생과 청결이 필수입니다. 하지만 위생의 중요성을 인지하지 못해 트러블이 발생하기도 합니다. 이와 같은 업의 특성(기술력, 서비스 마인드, 핵심 특성)을 충분히 이해했는지가 중요합니다.

앞에서 우리 매장과 잘 맞는 사람을 만나는 것이 중요하다고 말씀드렸습니다. 우리 매장과 잘 맞는 사람을 만나려면 우선 두 가지 정도로 나눠서 생각해 볼 수 있습니다. '이런 사람 필요하다', '이런 사람 정말 싫다' 정도로 나누어서 본인이 생각하고 있는 항목을 적어보는 겁니다.

예를 들어 '이런 사람 필요하다' 항목을 한번 정리해 보겠습니다.

✔️ 서비스 마인드가 갖춰져 있는 사람
✔️ 도전 의식이 있는 사람

✔ 시간 약속을 잘 지키는 사람

✔ 기본 예의는 지킬 줄 아는 사람

✔ 성실과 배려가 바탕인 사람

✔ 공과 사를 구별할 줄 아는 사람

그리고 '이런 사람 정말 싫다'라는 유형도 한번 정리해 보죠.

✔ 시간 약속에 대한 개념이 없는 사람

✔ 불성실한 사람

✔ 지나치게 개인주의적인 사람

✔ 인사를 잘 하지 않는 사람

✔ 청소 같은 사소한 일은 하기 싫어하는 사람

✔ 타인과의 관계에서 어려움을 겪는 사람

이렇게 나눠볼 수 있겠죠. 독자의 성향이나 가치관에 따라 항목을 가감할 수 있습니다.

매장을 운영하는 대표가 직접 자신이 원하는 인재상을 정하는 것도 한 방법이지만, 팀으로 일하는 특성을 가진 매장이라면 현재 조직원들과 함께 미래에 같이 일할 조직원에 대해서 생각해 보는 시간을 가져보세요. 즉 조직원들과 의논하여 인재상을 함께 만들어보는 것도 추천합니다. 여러 조직원들과 오랜 시간 함께 일을 해야 하므로 서로의 성향과 업무의 방향성이 맞지 않는다면 많은 어려움이 생깁니다. 미리 인재상을 설정해 놓고 그 기준에 따라 채용한다면 실패할 확률이 줄어들겠죠. 아무리 작은 매장이라도 채용이 가장 중요하기 때문에 체계적인 고용 시스템을 갖춰 놓는 것이 좋습니다.

필자의 매장에서는 1차 서류 전형에서는 이력서, 자기 소개서, 포트폴리오를 심사합니다. 확인 후 심사 기준에 부합되면 2차 면접을 구직자에게 요청합니다. 2차 면접은 구직자가 매장을 방문하여 대면으로 진행합니다. 이때 면접 질문 리스트를 사용합니다.

질문 리스트는 주로 우리 매장과 잘 맞는 성품을 가진 사람을 알아보기 위한 내용들이 주를 이룹니다. 예를 들면 "동료들과 일하는 과정에서 갈등을 경험했던 사례가 있나요?"라는 질문으로 갈등의 종류와 해결 방법을 알아볼 수 있습니다. "최근 자신에게 닥친 가장 어려운 상황은 어떤 것이었습니까? 또한 그것을 어떻게 극복했습니까?"라는 질문으로는 어려운 상황의 정도나 극복 방법을 알 수 있습니다. 극복 여부만으로도 적극성, 자발성, 문제 해결 능력 등을 파악할 수 있습니다. 최근에도 MBTI라는 자기 보고식 성격유형검사를 면접자에게 사전에 요청하여 성향이 잘 맞는지 체크하는 경우도 많습니다.

그리고 "도전을 했지만 실패한 사례가 있습니까? 실패를 통해 무엇을 배웠습니까?"라는 질문을 통해서는 도전에 대한 두려움, 실패를 바라보는 시각, 회복성을 알 수 있습니다. 이처럼 구직자에게 다양한 질문을 함으로써 평소의 가치관과 마인드를 알아볼 수 있습니다.

면접 심사관의 자세도 한번 알아보겠습니다. 면접(interview)은 사전적 의미로 서로를 마주 본다는 뜻입니다. 직장에서 구직자를 뽑는 자리만이 아니라, 구직자도 직장을 선택하는 자리입니다. 그렇기 때문에 면접 심사관의 자세도 중요합니다. 면접 심사관은 자료를 충분히 갖추고 시간 약속을 철저하게 지켜야 합니다. 구직자를 기다리게 한다거나 흐트러진 외모로 구직자를 대하면 아무리 좋은 직원이라도 여러분의 매장을 선택하지 않을 겁니다. 이곳에서 일하고 싶다는 마음이 들도록 사전에 준비하고 노력해야 좋은 직원을 구할 수 있습니다.

면접 심사관(대부분 사장이나 대표)은 손님을 대할 때와 같이 외모를 정돈하고 매장의 시스템이나 복지, 급여에 대해서 이해하기 쉽도록 설명합니다. 구두로 설명할 수도 있지만, 프레젠테이션을 활용하거나 페이퍼 자료를 만들어서 시각적으로 보여주면 더욱 효과적입니다.

면접 장소는 매장이든 외부이든 상관없지만, 매장에서 활발하고 즐겁게 일하고 있는 다른 직원들의 모습을 보면 구직자들에게는 일하고 싶은 욕구가 솟아납니다. 면접 시간은 손님이 좀 있는 시간대로 잡는 것이 좋고, 이야기에 집중할 수 있는 매장의 한 켠이나 매장이 보이는 사무실이 최적의 장소입니다.

면접은 구직자를 평가하는 자리가 아닙니다. 그러므로 면접 심사관은 구직자를 평가하는 언행은 삼가야 합니다. 구직자는 그 평가를 원하지 않습니다. 서로를 알아보는 자리이기 때문에 질문에는 객관성을 유지하고, 답변에 따라 자신의 감정을 드러내거나 주관적인 느낌을 말해서는 안 됩니다. 질문 리스트를 통해 구직자의 평소 가치관과 생각을 듣는 것에 집중하시길 바랍니다.

저도 수많은 면접을 경험해 보았습니다. 구직자가 서류를 제출하는 태도만 보더라도 평소 성품이 드러납니다. 인재상을 정립해 놓고 그것들을 충분히 가늠할 수 있는 면접을 실시하면 얼마든지 좋은 직원을 뽑을 수 있습니다. 좋은 직원 한 사람이 좋은 영향력을 전달하고 열 명의 몫도 합니다. 성공적인 매장 운영을 위해서는 좋은 직원 뽑는 것에 과하다 싶을 만큼의 에너지를 쏟아야 합니다.

아무리 작은 일이라도 기준을 세우는 것이 중요하다

필자는 매장에 필요한 물품들을 택배로 많이 주문하는 편입니다. 택배가 도착하기 시작하면 금세 상자들이 쌓이죠. 한번은 고객이 지나다니는 매장 구석에 이틀이고 삼일이고 쌓여 있는 미개봉 택배를 보니 화가 나기 시작했습니다. 조직원 모두 '귀찮아. 누군가 택배 뜯어보겠지.'라는 생각으로 남에게 미룬 것입니다.

직원들에게

"여러분 왜 택배가 아직도 그대로 있나요?"

하고 물어보았습니다.

"……"

다들 상대방의 얼굴만 쳐다볼 뿐 자신 있게 대답하는 사람은 없었습니다. 이때부터 규칙의 필요성을 느끼기 시작했습니다.

'매장으로 배달된 택배 물품은 누구라도 개봉하여 수량을 확인하고 입고처리한다. 입고 처리 후 선임이나 대표에게 보고한다.'

이러한 규칙을 만들어 놓으니 이 일은 반드시 해야 할 업무에 추가되었습니다. 업무는 직장에서 해야 할 일이고, 다른 사람에게 미루면 안 되는 일이죠. 너무 당연한 일이지만 사소한 일들은 중요하게 생각하지 않는 경우가 많습니다. 이럴 때 규칙이나 매뉴얼로 정해 둠으로써 갈등을 방지할 수 있습니다. 그리고 규칙을 정할 때는 우선적으로 업무 범위에 대한 기준을 세워야 합니다.

01_ 업무 범위에 대한 기준은 우선 순위가 무엇인지?

02_ 어떻게 분류해서 누구에게 분배할 것인지?

03_ 정한 후 책임과 피드백은 누가 어떻게 할 것인지?

워낙 다양한 사람들을 만나는 일을 하다 보니 실제로 다른 매장을 운영하고 있는 분들의 질문을 종종 받습니다.

"식당에서 일하는 이모들 식대를 어떻게 책정해줘야 해?
몇 시간을 정해줘야 돼?"
"업무에 대한 불만이 많을 때는 어떻게 해야 돼?"
"아무리 이야기해도 청소를 안 하는 직원들은 어떻게 해야 돼?"
"틈만 나면 요령 피우고 자신의 일을
다른 직원에게 떠맡기는 직원들은 어떻게 해야 해?"

등의 질문입니다.

매장을 운영한 지 꽤 오래 된 분들, 프랜차이즈를 대여섯 개 이상 운영하는 분들도 어려워하는 부분이죠. 규칙을 정하는 방법을 모르는 경우가 대부분이고, 규칙을 정해 놓고도 실천하는 것이 어려워 포기한 분들도 많습니다. 직원들은 눈에 보이지 않는 부분에 대해 무척 민감하게 반응합니다. 점심 시간과 식비처럼 소소한 것이지만 명확히 정해 놓지 않았기 때문에 불안해 하고 불만이 생기는 겁니다. 그러므로 작고 사소한 일이어도 기준을 세워놓고 규칙을 만들면 체계적으로 일할 수 있습니다.

대부분의 사장님들은 이런 규칙이나 기준을 세울 때 직원들이 반발하면 어떡하지 하는 생각에 빠집니다. 하지만 직원들도 이런 규칙들에 대해 불편해하지 않습니다. 규칙이나 기준이 정해져 있으면 본인이 할 수 있는 일과 할 수 없는 일, 해야 되는 일과 하지 말아야 할 일을 쉽게 구분할 수 있습니다. 그렇기 때문에 업무든 일상생활이든 더 효율적이고 빠르게 실행할 수 있죠.

예를 들어보겠습니다. 고객 응대 테이블은 늘 깨끗하게 정돈되어 있어야 합니다. 그래야 언제든지 쉽게 응대할 수 있고 좋은 인상을 줄 수 있죠. 그런데 고객 응대 테이블에 잡다한 개인 물건을 많이 올려 놓는 직원이 있습니다. 불시에 고객이 내방하였을 때 이 모습을 보게 됩니다. 어수선하고 지저분해 보이는 매장은 고객에게 좋은 인상을 줄 수 없죠. 고객이 내방했을 때 늘 정돈되어 있고 깔끔한 매장이어야 좋은 이미지를 전달할 수 있습니다. 정돈된 분위기의 매장에서 고객은 불안감을 느끼지 않습니다. 그러므로 사용한 후에는 반드시 정리하는 습관을 들여야 합니다.

💡 고객 응대 테이블은 늘 깨끗하게 정돈·관리한다.

이처럼 간단한 원칙을 세워 놓으면 직원들은 늘 신경을 쓸 것이고, 고객이 내방했을 때 언제나 깨끗하고 정돈된 상황이라 좋은 인상을 주게 됩니다.

예를 들어 마음 속에 청결에 대한 기준(가이드라인)이 정해져 있어야 규칙을 정하기 용이합니다. 기준의 우선 순위는 고객이어야 하구요. 고객에게 최선의 서비스가 될 수 있도록 하는 것이 첫번째, 두번째는 직원들이 지킬 수 있는 규칙이도록 궁극적으로는 고객과 직원, 매장에 좋은 결과를 낼 수 있을 것이어야 하겠습니다.

이런 것들이 잘 정리되어 매장 운영의 원칙이 되는 것입니다. 나아가서는 매장 운영 철학·가치관으로 발전할 수 있습니다.

이처럼 기준을 세웠다면, 그 기준에 근거하여 규칙을 세우고 디테일하게 매뉴얼로 정리합니다. 시간별로, 업무별로 또는 직원별로 매뉴얼을 만들어 놓는 것이 좋겠죠.

예시를 들어보겠습니다.

퇴근 시 해야 할 일

✔ 당일 고객 매출 확인하여 올리기/고객 정보 올리기

✔ 일지 작성하기

✔ 청소/미리 해야 할 일부터 체크/세탁기 돌리기/멸균기 돌리기

✔ 쓰레기 정리/컵·정수기·가습기 설거지

✔ 테이블·의자의 먼지나 손톱 조각 없도록 닦기/룸 정리 확인

✔ 모든 전원 코드 뽑기(특히 에어컨·온풍기·온장고 등 전열 도구)

✔ 청소기 충전시키기

✔ 의자 정렬/앞치마·유니폼 장 안에 넣기

✔ 전화 착신으로 돌리기/퇴근 등록 꼭!

◎ 시간별 원칙

출근할 때 해야 되는 일, 중간에 해야 되는 일, 마감 업무 때 해야 되는 일 등

◎ 업무별 원칙

재고 관리, 매장 위생 관리, 고객 관리, 교육 등

◎ 직원별 원칙

스텝, 초급 디자이너, 중급 디자이너, 팀장, 부원장 등

업무를 세분화시키다 보면 꼭 필요한 업무와 덜어내도 될 만한 업무를 구분할 수 있게 됩니다. 짜임새 있게 업무를 구성하고 배치할 수 있어 효과적입니다.

자, 이제 마음속에 생각나는 나만의 기준을 지금 당장 종이에 적어보세요. 빠르게 실행하는 사람이 성공적으로 매장을 운영할 수 있습니다.

교육과 피드백은 필수다

매장 창 너머에서 쭈뼛쭈뼛 기웃거리던 고객이 입장했습니다. '모두 일하는 데 여념이 없네. 궁금한 것이 있는데 누구에게 물어봐야 할까?' 얼굴이 빨개지고 어색한 마음이 듭니다. '괜히 들어왔나, 나갈까.' 이렇게 생각하는 데 걸리는 시간이 3초입니다. 우리 매장의 첫인상이 결정되는 것도 3초죠. 이렇게 짧은 시간 안에 매장의 첫인상이 정해집니다. 그리고 그렇게 정해진 첫인상이 바뀌는 데는 굉장히 많은 시간이 소요됩니다.

《첫인상의 힘》이라는 책에 따르면, "처음 만난 상대를 특정 이미지로 판단하는 데 걸리는 시간은 3초. 첫인상이 중요한 이유는 이처럼 짧은 시간에 만들어진 이미지가 쉽게 변하지 않기 때문이다."라고 이야기하고 있습니다.

《첫인상의 힘》에 나오는 '황금 규칙' 항목도 참고하세요.

01_ 당신의 외모가 당신의 시각적인 이력서이다.
02_ 당신의 외모 중 가장 중요한 것은 얼굴 표정이다.
03_ 당신의 보디랭귀지는 당신이 하는 말보다 더 큰 소리로 말하고 있다.
04_ 당신의 현재 직업이 아니라 바라는 직업에 맞게 옷차림을 갖추어라.
05_ 전화상의 첫인상이 당신이 전하는 유일한 인상일 수 있다.

– 중략 –

이 고객이 3초 동안 어색하게 쭈뼛쭈뼛 대고 있는 동안 왜 아무도 고객을 응대하지 않았을까요? 응대하기 귀찮으니 '누군가 하겠지' 하고 미루었을까요? 물론 그랬을 수도 있습니다. 하지만 대부분의 직원들은 어떻게 응대해야 할지 몰라서 못하는 경우가 많습니다. 이런 작은 일에도 교육이 필요합니다.

예를 들어 보겠습니다.

✔ 고객이 입장했을 때 누구라도 마중 나가 고객에게 필요한 것이 무엇인지 물어본다.

✔ 고객의 질문이 길어질 것 같으면 자리에 앉혀서 응대한다.

✔ 우리 매장의 영업 시간과 예약 방법을 설명한다.

✔ 고객이 돌아갈 때는 반드시 명함을 드린다.

이런 식으로 매뉴얼화된 교육을 받은 직원들은 자신이 알고 있고, 할 수 있는 한 최선을 다합니다. 이건 장담할 수 있습니다. 평소 여러분은 직원 교육에 얼마나 투자하고 계신가요?

직원 교육을 전혀 안 하는 매장도 있고, 일주일에 한 번 또는 일주일에 서너 번 이상 교육에 할애하는 매장도 있습니다.

직원 교육에 할애하는 시간이 많을수록 효과가 더 좋을까요? 반드시 그렇지는 않습니다. 직원 교육은 시간보다는 내용에 더 중점을 두어야 하고, 교육을 했다면 반드시 피드백이 있어야 합니다.

고객이 매장에 방문하여 매출까지 일으키는 일은 생각만큼 쉽지 않습니다. 그래서 많은 자영업자들이 고객 유입을 위해 노력과 금전을 들여가며 노력하죠. 소중한 고객이 매장의 문을 열고 들어왔는데 고객을 잡지 못한다면? 고객 응대 방법을 교육받지 못해서 고객을 놓쳤다면? 고객을 놓치면 얼마나 속상한지 매장을 운영해 보신 분들은 잘 알 겁니다. 그래서 간단한 일이라도 체계적인 교육이 필요합니다.

그런데 교육을 했다고 그걸로 만사 오케이일까요? 매출이 막 오를까요? 직원들이 스스로 알아서 일을 잘할 거라고 생각하십니까?

교육 후에는 업무가 잘 이루어지고 있는지, 부족한 부분이 무엇인지 반드시 점검해 보는 시간이 필요합니다. 그리고 진심 어린 피드백이 중요합니다. 위의 사례처럼 교육후 고객 응대가 잘 되고 있는지, 예상 외 질문에 대한 답변은 잘 이루어지고 있는지 체크해 봐야 합니다. 필자의 매장에서는 교육 내용에 집중하고, 많은 시간을 할애합니다. 평균적으로 월 3회 교육을 진행합니다. 교육의 내용은 기술 교육, 고객 응대 교육, 서비스 마인드 교육, 경영 교육, 영상 교육 그리고 다 같이 교육 진행자로 참여할 수 있는 공동 교육이 있습니다.

이 외에도 두 달에 한 번씩 좋은 영상을 활용하여 마인드 교육을 진행합니다. 주제를 정하고 그 주제에 부합되는 영상을 찾습니다. 영상을 이용한 교육은 마인드 교육에 효과적인데, '직원들과 같이 보면 좋겠다.' 싶은 주제를 검색합니다. 요즘은 각종 포털사이트에 공유할 수 있는 좋은 영상이 다양하게 있어 쉽게 찾을 수 있습니다. 예를 들면 서비스 마인드, 트렌드 교육, 협업, 리더십, 배려 등을 주제로 한 교육도 있고, 최근에 유행하고 있는 '일잘러(일을 잘하는 사람)' 등과 같은 트렌디한 주제도 좋습니다. 이처럼 그때그때 필요한 키워드를 찾기도 하고, '우리 매장이 최근에는 협업이 잘 안 되는 것 같아.' 라는 생각이 드신다면 협업에 대한 교육을 준비합니다. 대표가 직접 말로 하면 잔소리가 되지만, 영상을 보면서 스스로 깨닫고 느끼게 할 수 있다면 효과가 더 좋습니다.

직원들의 경력 정도에 따라서 교육이 다르게 이루어지고, 교육 후에는 반드시 일지나 레포트를 작성하게 되어 있습니다. 일지는 주기적으로 점검을 하고 피드백을 남기는 방법을 사용하고 있습니다. 레포트는 배운 내용을 다시 복기하고 정리를 도와주는 역할을 합니다. 이렇게 교육도 시스템을 만들어 체계적으로 운영하여 성과를 낼 수 있도록 노력해야 합니다.

교육 시간은 예약이 상대적으로 적은 낮 시간이나 일을 시작하기 전 이른 아침에 이루어집니다. 이외의 다양한 교육은 조직원 모두가 역할을 분담하여 직접 교육을 진행함으로써 성장하는 법을 배웁니다. 특히 선배는 후배를 가르칠 수 있도록 교육 시스템을 만들어 놓고 서로의 노하우를 공유합니다. 이처럼 직접 참여하는 교육은 효과가 높습니다.

그리고 1년에 한두 차례 외부 강사를 초빙하거나 외부 교육에 참석하기도 합니다. 이는 신선한 자극이 되고, 닫혀 있던 마음을 열고 생각을 전환하게 만듭니다. 좋은 자극을 많이 받는 직원들은 확실히 일에 대한 마인드가 긍정적일 수밖에 없습니다. 이처럼 매장을 운영할 때 절대 간과해서는 안 될 부분! 바로 직원 교육입니다.

대화의 안전지대

구성원들 간에 어떤 속내이든 서로 편하게 이야기할 수 없다면 그 조직 문화는 속으로 조용히 곪고 있는 중이라고 볼 수 있습니다. 업무가 원활하게 이루어지지 않는다면, 그 원인은 소통에 있을 수도 있습니다.

> "대표님, 이 부분은 이렇게 하는 게 더 낫지 않을까요?"
> "응, 그거 필요 없어. 이렇게 하면 돼."

직원이 말을 하려고 하면 중간에 말을 끊고 자기주장만 하는 상사들이 굉장히 많습니다. 보통 '답정너'라고 하죠. 답을 정해 놓고 빙빙 돌려 말하거나 상대방의 말을 끝까지 듣지 않은 상태에서 자기주장만 하는 사람들인데요. 상대방이 내 이야기에 귀를 기울여 듣고 있지 않다고 생각되면 쉽사리 자신의 생각을 털어놓기 힘듭니다. 한 번이라도 그런 경험을 했던 사람이라면 다시 편하게 이야기를 꺼내기 어렵습니다.

그런데 매장의 대표들은 반대로 이렇게 하소연하기도 합니다.

> "직원들이 도통 말을 안 해요. 도대체 뭘 원하는지 모르겠어요."
> "뭘 원하는지 모르겠는데, 요구만 하고 불평·불만만 있어서 너무 어려워요."
> "여러분, 직원들이 편하게 이야기할 수 있도록
> 환경이나 분위기를 만들어 주셨나요?"

편하게 말할 수 있는 대화의 안전지대가 필요합니다. 안전지대(comfort zone)라는 개념은 어떤 사물이 사람에게 친근한 느낌을 주는 심리적인 상태를 말합니다. 사람들은 약간의 걱정과 스트레스는 자기가 충분히 통제할 수 있다고 생각합니다. 이 정도 수준에서는 꾸준한 어떤 행동을 할 수 있다는 것이죠. 안전지대를 벗어나면 대부분의 사람들은 불안감을 느끼고 스트레스를 받기도 합니다.

대화의 안전지대는 사람과 사람이 소통할 때 내 이야기를 잘 들어주고, 인정해 주는 것만으로도 형성될 수 있습니다. 안전지대가 형성되면 상대방이 어떤 해결책을 주지 못한다 하더라도 대화를 시도합니다. 하지만 상대방과의 대화에 대해서 그런 믿음이 없다면 시도조차 하지 않을 것이고, 직원들은 속으로 마음이 곯고 있다고 볼 수 있습니다.

그래서 보통은 대화를 꺼내 보기도 전에 직원들은 이렇게 말을 하죠.

"저 대표님, 드릴 말씀이 있습니다."

심장이 덜컥 내려앉습니다. 그 말의 숨은 뜻은 대부분 퇴사를 의미하니까요.

"저 그만두려고요."
"왜 그만두려고 합니까?"
"그냥 좀 그래야 될 것 같아요."

이렇게 얼버무리며 구체적인 이유에 대해서는 함구하는 경우가 많습니다.

"구체적인 이유를 말해 달라."고 이야기하면 "어차피 제 말 안 들어주실 거 잖아요.", "제 이야기가 반영되지 않잖아요."라고 답변하는 경우가 많습니다. 그만큼 직원들의 이야기를 귀 기울여 들은 적도, 반영해 준 적도 없었다는 이야기지요. 대화의 부재, 다시 말해 소통의 부재로 인해 직원들은 무기력감에 빠질 수밖에 없는 상황이었을 겁니다. 그 무기력감은 자발적으로 일하려는 의욕마저도 사라지게 만듭니다.

사장은 항상 직원들이 주인 의식을 가지고 자발적으로 일해 주었으면 좋겠다고 말하면서 정작 직원들의 의견을 경청하지 않는 경우가 많습니다. 직원들의 의견이 잘 반영되고 있다면 조직의 일원이라는 소속감과 함께 자긍심이 생기는 것은 당연한 일입니다. 자긍심은 자발성이라는 강력한 힘을 이끌어내는 원천이죠. 이런 일련의 과정들은 서로 간의 소통 없이는 불가능합니다.

그러므로 대화의 안전지대를 만들기 위하여 소통하는 시간을 확보하는 것이 중요하겠죠? 바쁘게 일하다 보면 대화할 시간을 따로 만드는 것이 쉬운 일은 아닙니다. 하지만 장기적인 안목으로 볼 때 직원들 간의 이런 깊이 있고, 밀도 있는 대화는 많은 문제를 예방해 주고 해결해 주기 때문에 반드시 필요합니다.

대화를 할 때는 상대방과 시선을 나누는 것이 중요합니다. 시선을 나누는 것만으로도 상대방이 '나에게 관심이 있구나, 내 이야기를 잘 듣고 있구나.' 하고 안도감을 줄 수 있기 때문이지요.

또한 이야기를 끝까지 경청하도록 노력하고, 중간에 말을 끊는 행동은 자제

해야 합니다. 내 의견만 옳다는 식의 주장은 잠시 접어 두세요. 조직원의 의견을 존중해 주고, 좋은 의견 덕에 많은 도움이 되었다는 인사도 잊지 마세요.

조직원이 좋은 의견을 냈다면 그 의견이 반영될 수 있도록 최선을 다하세요. 아마 다음에는 더욱 좋은 아이디어를 낼 겁니다. 직원들의 자신감과 긍정적인 마음은 매장 발전의 원동력이 된다는 사실은 필자가 장담합니다. 진심 어린 피드백만이 마음을 열 수 있습니다. 이런 상호 소통은 조직원들의 성장에 발판이 되어줄 겁니다. 소통을 잘하는 리더는 조직원들의 소리도 잘 들을 줄 아는 사람입니다. 직원들의 의견에 경청하고 그 의견을 반영함으로써 대화의 안전지대를 확보하여 성공적으로 매장을 운영하시길 바랍니다.

퍼실리테이션 기법의 도입

- 모두의 의견은 동등하게 귀중하다 -

미국의 디즈니사가 제작한 영화를 보신 적 있으신가요? 애니메이션 〈겨울왕국〉처럼 놀랄 정도의 창의성과 완성도를 갖춘 영화를 가족과 즐겨 보신 경험이 있으시리라 생각합니다.

디즈니사의 자유로운 근무 환경은 다들 익히 알고 있으실 겁니다. 회사 내에 있는 카페테리아에서 시간에 구애받지 않고 자유롭게 이야기하면서 창의적인 아이디어를 떠올립니다. 구성원들끼리 의견을 나누면서 창의적인 아이디어를 도출해 내죠. 이들은 자유로운 근무 환경을 통해 성공적인 결과물을 만들어내는 것으로 유명합니다.

신입 사원들은 상사가 어려워 입도 뻥끗 못하던 시절이 있었습니다. 상사들 즉 지위가 있는 사람의 의견만 받아들여지는 시절이었죠. 그들은 항상 옳은 말만 했을까요? 한 사람의 판단에 의지하는 것이 과연 좋은 결과로만 나타났을까요?

우리나라 사람들은 자신의 의견을 자유롭게 말하는 것을 어려워합니다. 앞에서 언급한 것처럼 대화의 안전지대가 없기 때문입니다. 의견을 말했을 때 다른 사람들의 시선을 의식하게 되기도 하고, 의견을 이야기해 본 경험도 적어 부담스럽기도 합니다. 어렵사리 말한 의견이 무시되면 자신감마저 줄어듭니다. 반대로는 자신의 의견을 개진하는 것이 잘난 척하는 것 같고, 또 그 의견이 받아들여지면 그 업무를 떠맡아야 할 것 같아서 회피하기도 합니다.

필자도 매장을 운영하면서 한 달에 두 번 정도 회의를 진행합니다. 예전에는 혼자 떠들다가 끝나는 경우가 대부분이었죠.

"좋은 의견 없어요? 다른 생각 없어요?"
"없어요."
"잘 모르겠어요."

다들 고개를 푹 숙이고 눈이 마주치는 것을 피합니다.

이럴 때면 '회의를 꼭 해야 되나?' 하는 생각조차 듭니다. 직원들의 의견이 도움이 될 것 같이 기대했는데 안타깝죠.

이런 상황이 반복되다 보니 무언가 돌파구가 없는지 찾기 시작했습니다. 그러다가 구성원의 참여를 높이고 자율성을 촉진시키는 방법으로 퍼실리테이션이라는 기법을 도입하게 되었습니다. 퍼실리테이션(facilitation)이란 사전적으로 '촉진', '조장'이라는 뜻입니다. 간단히 설명하면 회의를 진행하는 사람이 퍼실리테이터가 되어 객관적으로 의견을 수렴하고 진행하면서, 모든 사람이 의견을 자유롭게 개신하여 많은 아이디어를 끄집어 낼 수 있도록 촉진시키는 방법을 의미합니다.

우리나라에서 퍼실리테이션 기법을 최초로 도입한 KOOFA(쿠퍼실리테이션 그룹)의 구기욱 대표는 '집단이 집단의 공동 목적을 쉽게 달성할 수 있도록 도구와 기법을 활용하여 절차를 설계하고 중립적인 태도로 진행 과정을 돕는 활동'이라고 정의합니다. 소규모의 매장이라도 모두의 의견을 소중하게 여기고 수렴, 실행하는 과정에서 자발성이 생기고 책임감을 느끼게 할 수 있죠.

'모두의 의견은 동등하게 귀중하다.'

필자의 매장에서는 요즘 회의나 교육의 모습이 예전과는 달라졌습니다. 테이블 위에는 언제나 여러 가지 필기 도구와 포스트잇이 구비되어 있습니다. 회의 참석자 전원이 돌아가면서 발표할 차례가 되면 신입 직원의 경우 몸을 배배 꼬며 쑥스러워 합니다. 그 모습을 본 선배 직원들은 "우리들도 예전에 다 그랬어요. 말하기 쑥스럽고 어색하고, 그런데 발표하다 보면 점점 좋아질 거예요."라고 응원해 주지요.

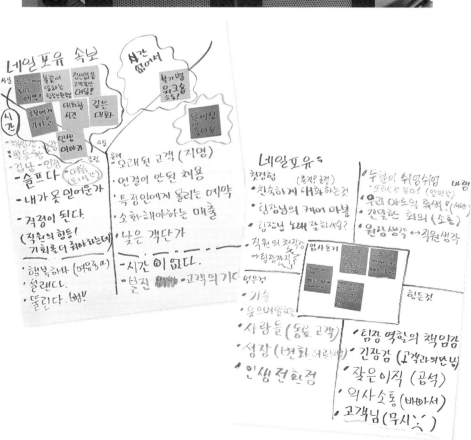

각자 자신의 의견을 포스트잇에 큼직한 글씨로 적습니다. 종이에 적은 의견을 붙여 놓으면 시각화되어 다른 사람의 의견을 기억하고 이해하기 쉽습니다. 직원들은 회의 시간 전에 준비된 포스트잇과 네임펜을 보면 "와 오늘 재미있는 거 한다."라며 좋아합니다. 이렇듯 긍정적인 자세로 회의에 임하면 결과도 역시 좋게 나타납니다. 이런 모습을 보면 뿌듯하고 신이 나죠. 큰 회사는 아니지만 직원들에게 좋은 변화를 일으킬 수 있어서 행복합니다.

퍼실리테이션을 통해 가장 기억에 남는 건 교육 전 아이스브레이킹을 위해 던진 질문이었습니다.

> "당신은 어떤 때 행복을 느끼나요?"

독자 여러분께서는 이런 질문을 받아보셨습니까?

'나는 OOO 할 때 행복하다."를 구체적으로 생각해 보지 않은 사람들이 생각보다 많습니다. 이 질문을 듣기만 했는데 눈물을 흘리기 시작한 구성원도 있었습니다. 예상치 못한 질문 하나가 자기 자신의 내면을 들여다보게 하며 감정들을 구체화시키기 시작한 거죠.

행복이라는 질문에 다양한 답이 쏟아집니다.

> "라면 먹을 때"
> "여행 준비할 때"
> "월급날"
> "가족들과 주말 보낼 때"
> "쇼핑할 때"

우리 마음속의 행복은 예상 밖에 참 소소하죠? 속으로 자신이 행복할 때를 떠올리며 글로 적으니 적는 시간조차도 행복하겠죠? 좋은 질문은 생각도 변화시킵니다.

이렇게 저희 매장에서는 조직 문화가 조금씩 개선되고 있습니다. 좋은 질문이 중요하고 필요하다는 것을 구성원 모두가 느낍니다. 별다른 계획 없이 하루하루 일하며 보내는 조직원들이 스스로 계획을 세우고 매장의 일을 자신의 일처럼 생각합니다. 스스로 해야 할 일을 찾고 스스로 평가하고 개선할 점을 찾습니다.

필자는 퍼실리테이션이라는 민주적 결정 방법론에 입각하여 구성원들에게 핵심 가치를 심어주는 데 집중했습니다. 주인 의식이라는 것은 "주인 의식을 가져라."라고 말해서 생기는 것이 아닙니다. 내가 하는 일의 핵심 가치를 이해하고 받아들이면 스스로의 생각에도 변화가 일어나게 됩니다. 자발적으로 일하는 동기를 가지게 되는 것이죠. 자발적으로 한 일은 능률과 성과가 좋을 수밖에 없습니다. 이것이 바로 좋은 변화의 선순환이라 볼 수 있죠.

대화의 안전지대를 통해 소통의 창구를 열어주고 퍼실리테이션을 통해 자신의 의견을 정확히 전달하는 것! 서로의 의견을 존중하는 것! 그것이 변화의 시작입니다.

미션과 비전

직원들의 잦은 퇴사와 이직으로 고민이신가요? 뷰티 살롱과 같은 서비스 업뿐만 아니라 모든 업종에서 전반적으로 이직률이 높아지고 있는 추세입니다. 이직의 이유는 여러 가지가 있겠지만 급여, 근무 조건, 근무 환경, 장래성 등 입니다. 이러한 조건들이 충족되지 않는다면 직원들은 이직을 선택할 수밖에 없습니다.

그렇다면 이와 같은 이유 이외에 어떤 조건이 충족된다면 이직률을 낮출 수 있을까요?

실제 직원들과 이야기를 해보면 회사가 바라는 것과 직원이 원하는 바가 다르기 때문에 이직을 하게 되는 경우가 많았습니다. 이 부분을 일치시키려는 노력이 필요합니다. 그 노력 중에서 필자는 비전과 미션에 대해서 말씀드리고 싶습니다. 회사는 직원들에게 비전을 제시하고 공유해야 합니다. 직원들은 비전을 바탕으로 미션을 인지하고 실행하는 역할을 합니다.

비전과 미션이 무엇일까요? 비전(vision)은 '내다보이는 장래 희망'이라는 뜻을 가지고 있습니다. 조직원의 공통된 목표나 염원 같은 것이죠. 회사와 직원들이 궁극적으로 원하는 것이 무엇인가를 생각해 봐야 합니다. 예를 들면 저희 매장의 비전은 '직원들 모두 손·발톱 전문가로 성장하고, 고객에게 믿음을 주는 매장이 되는 것'입니다. 매장의 비전이 직원들의 비전과 일치해야 합니다. 직원들 개개인이 손·발톱 전문가로 성장하기를 원하고, 고객에게 믿음을 주는 관리사가 되기를 원한다면 매장과 직원의 비전은 같은 방향을 향하게 되겠지요.

미션(mission)은 '임무'라는 사전적인 뜻을 가지고 있지만, 궁극적으로는 업의 본질이나 사명감 같은 것입니다. 우리가 왜 존재하는지, 왜 이 일을 하는지 근본적인 생각들이죠. 필자가 운영하는 매장인 네일 포유는 '고객의 건강한 손·발톱을 위해 존재한다'라는 미션을 가지고 있습니다. 네일 포유에서는 고객의 네일 아트를 해주거나 발 위생 관리를 해주는 일을 합니다. 이 일은 고객의 손·발톱이 건강하도록 관리하는 데 중점을 두고 있다는 뜻입니다. 직원들은 이 미션을 받아들이고 실행합니다.

개개인의 방향성이 회사와 잘 맞는지 여부는 채용 시에 중요하게 고려할 부분입니다. 애초부터 우리의 방향성과 맞지 않는다면 입사 후에도 부딪히는 문제들이 많습니다. 미션과 비전을 공유하고 회사와 개인 간의 공통 부분을 찾을 수 있어야 합니다. "비전을 가져라."고 말한다고 해서 직원들의 가슴속에 비전이 단박에 새겨지는 것이 아닙니다. 자신이 원하는 것을 마음속 깊이 들여다보고 대화하고 이끌어주는 시간을 가져야 합니다. 가랑비에 옷 젖듯 마음속에 스며들도록 해야죠.

매장의 정체성을 잃지 않기 위해서라도 비전과 미션이 잘 정립되어 있어야 합니다. 현재 운영하는 매장에 비전과 미션이 없다면 지금이라도 만들면 됩니다. 독자가 매장을 운영하는 사람이라면 '내가 매장에서 이루고 싶은 것은 무엇인지?', '매장이 어떤 모습으로 성장하길 원하는지?', '고객에게 전달하고 싶은 가치는 무엇인지?', '그것을 이루기 위해서 어떤 일을 해야하는지?' 등을 생각해 보고 글로 적어 보십시요. 직원들 또한 개인의 비전과 미션을 수립할 수 있도록 기회를 만들어 주세요.

필자는 직장 안에서 개인의 비전에 대해 생각할 수 있는 시간과 자신의 생각을 글로 적는 기회를 많이 만들어 줍니다. 글을 통해 생각을 시각화하는 것은 생각을 현실화하는 매우 효과적인 방법입니다. 대부분의 사람들은 머리 속에만 생각이 맴돌거든요. 그것을 글로 써 봄으로서 머리 속의 생각을 끄집어 내는 경험을 할 수 있겠지요.

직원들이 적어본 개인의 비전과 회사의 비전이 같은 방향성을 가지고 있다면 최고의 궁합입니다. 직원들은 직장에서 리더나 선배를 통해 일을 배우고 성장합니다. 필자도 손·발톱 관리 전문가로서의 면모를 많이 보여주기 위해 노력합니다. 전문가다운 마인드와 실력을 갖출 수 있도록 돕고, 실수를 하더라도 성장의 발판이 되도록 독려합니다. 이런 과정을 통함으로써 비전이 실현되는 기쁨도 느낄 수 있습니다.

필자의 매장에서는 비전과 미션을 내포한 방향성을 상당히 강조하는 편입니다. 우리의 업에 대해서 직원들과 자주 이야기하고 자연스레 마음속에 스며들도록 하고 있습니다. 평소 직원들에게 '고객에게 신뢰받는 매장이 되려면 어떻게 해야 할까?'라는 질문을 합니다.

"전문가로서 고객에게 도움을 줄 수 있도록 공부를 많이 해야 합니다."

"항상 같은 태도로 고객을 응대합니다."

"돈을 버는 것도 중요하지만,

고객의 손·발톱 건강을 먼저 생각하는 자세도 필요합니다."

비전과 미션을 잘 이해하고 있는 직원들은 이와 같은 대답이 자연스레 나옵니다. 또한 전문가로서 자신감 있고 전문성 있는 모습과 자세에 대해서도 잘 알고 있지요.

필자 매장의 비전을 소개합니다.

✔️ 최고의 기술과 서비스로 신뢰받는 네일 포유
✔️ 직원 모두가 행복하고 긍지를 느끼는 네일 포유
✔️ 손·발톱 전문가로 성장하고 고객에게 믿음을 주는 네일 포유

일을 하다 보면 어려움이 발생하거나 방향성을 잃고 헤맬 때가 생길 겁니다. 또한 일이 힘들어질 때나 일태기(일에서 오는 권태기를 일컫는 신조어)가 오면 미션과 비전을 상기해 보세요. 그 안에 해답이 있습니다. 비전과 미션은 어려움을 딛고 일어날 수 있는 힘이 되어줄 거라 믿습니다. 회사와 직원이 같은 곳을 바라보고 같은 마음으로 일할 수 있다면 함께 오래할 수 있겠죠?

고객 관리 노하우

매장 성공의 열쇠는 고객입니다. 고객을 잘 관리하는 일! 생각보다 어렵지 않습니다. 여러분의 매장에 한 번이라도 방문했던 고객을 다시 재방문하게 만드는 방법, 우리 매장을 선택할 수밖에 없도록 만드는 노하우를 공개합니다. 단골 고객을 넘어 충성 고객으로 만드는 법까지 함께 알아보시죠.

고객은 우리를 성장시키는 존재

성장이라는 키워드는 평생의 숙제입니다. 어려서는 신체적인 성장에, 성인이 되어서는 내적 성장에 중점을 두게 됩니다. 사람들은 특히 일을 통한 성장을 경험합니다. 일을 통한 다양한 배움, 일을 능숙하게 잘 해내는 것, 사람과의 관계를 원만하게 이루는 것을 통해 성장한다고 느낍니다.

뷰티 살롱 운영은 서비스업의 정점에 있다고 해도 과언이 아닙니다. 고객과의 관계가 어렵기도 하지만 중요하기도 합니다. 매일, 매시간 고객을 응대하기 때문에 소통이 원활하지 않거나 관계가 좋지 않으면 일은 스트레스로 다가옵니다. 반대로 고객과의 관계를 원만하게 유지하면 일이 즐겁고, 능률이 오르고 좋은 성과를 얻을 수 있습니다.

고객은 우리를 성장시키는 존재입니다.

"고객 응대가 너무 힘들고 어려워요. 그런데 갑자기 성장시키는 존재라고요?"

이렇게 반문하시는 분들도 분명 계실 겁니다. 맞습니다. 고객 응대는 원래 쉽지 않습니다. 고객은 항상 우리에게 더 나은 것을 요구합니다. 더 좋은 것, 더 편한 것, 더 예쁜 것, 더 친절한 것, 더 맛있는 것 등 지금보다 나은 변화를 원합니다. 그 요구를 충족시키기 위해 우리는 더 많이 생각하고 노력하게 되지요. 그 과정에서 우리는 성장의 계기를 마련할 수 있기 때문에 고객에게 고마움을 느낍니다.

뷰티 살롱을 운영하다 보면 가끔 '까다롭다'고 느껴지는 고객을 만날 때가 있습니다. 까다로운 고객을 처음 응대할 때는 긴장하게 됩니다. 진이 다 빠지죠. 까다로운 고객이 다시는 오지 않았으면 하는 마음조차 듭니다.

하지만 '까다롭다는 것'이 어떤 의미일지 생각해 볼 필요가 있습니다. 까다롭다는 것은 '원하는 바가 정확하다.'는 뜻입니다. 고객이 원하는 바를 정확히 이해하고 그것을 해결해 줄 수 있다면 다른 문제가 생기지 않습니다. 오히려 충성 고객이 될 가능성이 높습니다.

이런 고객에게 필요한 응대 방법에 어떤 것일까요? 어렵지 않습니다. 역지사지(易地思之) 방법입니다. 직원들과 함께 '고객에 빙의해서 고객의 마음을 이해해 보자.'라는 재미있는 상상을 하기도 하죠. 막상 이야기를 나눠보면 "내가 고객일 때도 그런 적이 있었다.", "고객의 마음이 이해가 간다."라는 대답이 절로 나오기도 합니다. 이런 과정을 통해 고객의 마음을 헤아릴 수 있게 될 뿐만 아니라 직원들의 마음도 단단해집니다. 가끔은 무례한 고객 때문에 눈물을 보이기도 하지만 "마음공부 제대로 합니다."라며 씩씩하게 다시 일어서는 용기를 내기도 합니다.

고객이 어려운 디자인을 요구할수록 그것을 해결하다 보면 실력 있는 디자이너가 되고, 고객 발톱의 문제가 심각할수록 더 나은 관리 방법을 찾기 위해 고민하다 보면 경험적으로 성장하게 됩니다. 이렇게 기술적으로, 마음적으로 성장하게 도와주는 사람이 고객입니다. 고객과의 커뮤니케이션은 매우 중요합니다.

우리를 성장시키는 고마운 존재인 고객과의 커뮤니케이션에는 어떤 방법이 있을까요?

✔ 나의 고객이 원하는 것이 무엇인가?
✔ 나의 고객이 불편한 것은 무엇인가?
✔ 어떤 방법으로 고객과 커뮤니케이션할 것인가?

때로는 고객들은 자신이 무엇을 원하는지 표현하는 것을 어려워하기도 합니다. 간단한 예로 "차 한잔 드릴까요?", "아…, 아니 괜찮습니다."라고 대답합니다. 우리나라 사람들은 배려심이 많아 목이 말라도 상대방이 번거로울까봐 거절하는 경우가 많습니다.

그래서 고객이 편하게 답할 수 있도록 질문을 바꿉니다.

"고객님 커피, 녹차, 메밀 차, 둥굴레 차가 준비되어 있는데
어떤 걸 준비해 드릴까요?"
"시원한 커피 한 잔 주세요."

구체적으로 질문을 하면 이렇게 속시원한 대답을 얻을 수 있습니다. 아주 간단하고 대수롭지 않은 일이지만, 차 한 잔을 대접할 때도 고객의 입장에서

생각해야 하는 거죠.

고객은 불편했던 경험은 물어보지 않는 한 입 밖으로 내지 않습니다. 물어보면 봇물 터지듯 많은 이야기를 해줍니다.

"고객님 지난번 관리 받으시고 불편한 점은 없으셨어요?"
"지난 번 사 가신 제품은 사용하실 때 어떠셨어요?"
"관리 방법을 변경해 보았는데, 지난번과 비교하여 어떠셨나요?"

이런 질문들입니다.

부정적인 대답을 들을까 봐 두려우신가요? 두려워하지 말고 용기를 내세요. 고객에게 직접들은 피드백은 현재의 고객 관리 상황을 파악할 수 있는 가장 좋은 방법입니다.

커뮤니케이션 방법 중 구두로 물어보는 방법이 가장 직관적이고 빠릅니다. 익명일 경우는 더 편안하게 답변할 수 있죠. 구글이나 네이버 폼과 같이 온라인 설문지를 메시지로 보내 답변을 듣거나, 고객의 소리통에 메모 넣기를 이용하게 할 수도 있습니다. 네이버 리뷰로도 고객과 소통할 수 있습니다. 고객의 의견을 듣고 적극적으로 반영한다면 커뮤니케이션이 원활한 매장을 만들 수 있습니다. 고객과 함께 소통하며 하루하루 성장하는 삶이 되길 바랍니다.

불량 고객과 불만 고객은 다르다

시간은 오후 1시 40분을 지나고 있습니다. 예약 시간보다 40분 늦게 도착한 A 고객은 들어오는 순간부터 사과 한마디 없이 의자에 털썩 앉습니다.

"고객님! 예약 시간보다 40분이나 늦게 오셔서 오늘 관리는 좀 힘들 것 같습니다. 20분 뒤에 다른 고객님 예약이 있습니다."

"그럼 뒤에 오는 사람 좀 기다리라고 하고 나 빨리해줘요."

"죄송합니다. 뒤 고객님도 예약하고 오시는 건데 기다리게 할 수 없습니다."

연락 없이 늦은 고객을 돌려보낼 수밖에 없는 사례가 있었습니다.

B 고객 : "저 맘 카페 회원인데 오늘 이거 서비스 좀 해 주세요. 잘해 주시면 제가 맘 카페에 글 잘 올려드릴 수 있는데~"

C 고객 : "오늘 2시 예약인데 15분이나 기다렸어요. 뒤에 일정이 있는데 늦어지게 돼서 기분이 별로네요. 다음부터는 기다리지 않게 시간을 정확히 지켜 주셨으면 좋겠어요."

D 고객 : "이곳의 서비스는 항상 만족합니다. 믿고 맡길 수 있어요."

예약에 늦었어도 당당한 고객과 맘 카페 홍보를 빌미로 협박하는 사람, 매장의 사정으로 늦어져서 피해를 본 사람, 매장을 무조건적으로 신뢰하는 사람

등 다양한 고객들과 마주하게 됩니다. 여러분은 이렇게 다양한 고객과 마주할 때 어떻게 대처하시나요? 아무리 고객이 소중하다 해도 잘못된 것까지 받아주고 참아야 하는 것은 아닙니다. 고객의 타입을 구분할 수 있어야 고객 관리를 잘할 수 있습니다.

불량 고객, 불만 고객, 충성 고객. 이런 말 들어보신 적 있으신가요? 불량 고객은 나의 기준을 흔들어 자신이 원하는 대로만 하려는 사람입니다. A나 B 고객에 해당되겠지요. 불만 고객은 불편한 점을 말로 표현할 줄 아는 사람입니다. C 고객입니다. C와 같은 고객은 불만을 해소해 주면 충성 고객으로 전환될 수 있는 가능성이 있는 사람입니다. 충성 고객은 확실한 신뢰를 바탕으로 장기간 방문하는 매장의 단골 고객이며, 매출의 상당부분을 차지하는 D 고객입니다.

제일 무서운 고객은 불만이 있어도 일언반구 말없이 다시는 발걸음하지 않는 고객입니다. 불량 고객과 불만 고객의 판단이 미숙할 때 운영자는 불만 고객을 불량 고객으로 만드는 실수를 범하기도 합니다. 불량 고객과 불만 고객을 어떻게 구별해야 할까요?

동네에 작은 국숫집이 있습니다. 맛도 좋지만 가성비가 좋아 자주 방문하는 곳이죠. 갈 때마다 다른 메뉴를 주문시켜서 먹어 보는데 하루는 열무 냉면을 주문했습니다. 그런데 너무 싱거워서 맛이 없다고 느껴질 정도였습니다. 필자는 고객의 피드백을 중요하게 생각하는 터라 주인장에게 도움이 되고자 말해야겠다 마음먹었습니다.

"사장님, 열무 냉면이 너무 싱거워요. 고객에게 내놓기 전에 맛을 한번 보셔야 할 거 같아요."

"아닌데~, 그럴 리가 없는데. 냉면에 뭐 타셨어요?"

"싱겁다니까요. 손님인 내가 열무 냉면에 뭘 타요?"

도움이 되고자 말해 주었는데 괜한 말을 했구나 싶었습니다.

"그러셨나요? 확인해 보겠습니다."

한 마디만 했어도 웃으면서 돌아왔을 일이었는데, 부정부터 하니 감정이 상하여 다시는 가고 싶지 않은 곳이 되어 버렸습니다. 저는 이 국숫집에 불만 고객이었던 거죠.

고객은 단순히 불만족한 사항을 말했는데 변명이나 부정부터 하는 사례를 많이 봅니다. 고객의 마음을 공감하지 못하고 시스템만 주야장천 얘기하면 고객의 화를 돋게 합니다. 쉽게 해결될 문제도 오히려 더 큰 문제로 발전하는 경우가 있죠. "고객님 불편하셨군요."라고 공감을 먼저 해주고 "고객님께 불편을 끼쳐드려서 죄송합니다."라고 마음을 편안하게 해주면 사그라들 텐데 말이죠. 불만 고객을 불량 고객으로 만드는 경우입니다.

고객은 항상 고마운 존재입니다. 하지만 매장을 운영하다 보면 쓴소리하는 사람도 만나게 됩니다. 쓴소리는 그 매장에서 겪었던 불편함을 말로 표현한 것인데요. 듣기 싫은 소리라고 치부해 버리는 사장님들 많습니다. 쓴소리를 달게 받아들일 수 있어야 불만 고객을 충성 고객으로 변화시킬 수 있습니다. 우리의 부족한 점이나 실수를 상기시켜 주고 개선할 수 있도록 도와주는 사람은 결국 고객입니다. 불만 고객이 내뱉은 불만을 더 나은 서비스나 시스템으로 변화시킨다면 매장에 대한 큰 신뢰를 얻을 수 있을 것입니다.

한편 나에게 온갖 요구를 하는 사람들도 있습니다. 자신이 편한 대로 행동하고 우리 매장의 기준도 흔들어 놓습니다. A와 B 같은 고객은 불량 고객입니다. 고객을 잃을까, 매출이 떨어질까 두렵기도 하겠지만, 불량 고객까지 끌어안으려고 하지 마세요. 감정 소모, 시간과 비용 등 많은 에너지가 낭비됩니다. 정중히 거절할 줄 아는 용기도 필요합니다. 우스갯소리로 "불량 고객은 옆 가게로 보내라."라는 말이 있습니다. 그 에너지와 힘을 다른 고객에게 쓰면 더 좋은 결과로 돌아옵니다.

몇 년 동안 저희 매장에서 한 직원한테 주기적으로 관리를 받았던 고객님이 갑자기 손톱 주변 피부에 알레르기가 생겼다고 연락이 왔습니다. 밤새도록 간지러워서 긁어 불편했던 고객은 화가 나 있었습니다. 사실 마음속으로 많이 긴장했었죠. 저희는 이렇게 대처했습니다.

"고객님 너무 불편하셨겠네요. 밤새도록 손가락이 간지러워 많이 힘드셨을 텐데 죄송합니다. 일단 젤 네일을 제거해 드릴테니 병원에 다녀오시는 게 좋겠습니다."

우선은 고객님의 마음에 공감하는 것이 중요합니다. 인과 관계를 따지는 것은 나중 문제죠. 변명이나 고객의 탓으로 돌리는 언행은 삼가야 합니다.

"알레르기는 누구한테나 일어날 수 있는 질환이고, 면역력이 떨어져 있거나 피부 상태가 좋지 않은 경우 생길 수 있습니다."

알레르기에 대해 구체적으로 설명해 드리고, 이런 경우 젤 네일로 인한 알레르기가 생길 수 있다는 점도 충분히 설명해 드렸죠.

고객의 마음이 조금 수그러들었을 때 "고객님이 원하시는 바가 어떤 것일까요?"라고 여쭤봤습니다. 시술비와 치료비의 배상을 요구하셨습니다. 즉각적으로 사과드리고 말씀하신 대로 처리를 해드렸습니다. 그래서 다행히 큰 문제 없이 마무리되었던 사례가 있었습니다. 이처럼 고객을 파악하고 적절한 대처 방법을 미리 숙지하면 신뢰가 바탕이 되는 고객 관리를 할 수 있습니다.

진정한 서비스는
고객의 지갑에서 꺼내는 돈이 아깝지 않아야 한다

'고객의 입장에서 생각해라. 공감해라. 기억해라.'

필자가 중요하게 생각하는 고객 관리 포인트입니다.

"오늘 돈 쓴 거 진짜 아깝다. 짜증 나."

편의점에서, 미용실에서, 식당에서 하루에도 몇 번씩 결제할 일이 많습니다. 돈 아깝지 않게 잘 썼다고 생각이 들 때는 언제입니까? 꼭 필요한 물건을 적절한 가격에 샀을 때, 좀 비싸다는 생각이 들었지만 만족할 만한 헤어스타일이 나왔을 때, 맛있는 음식을 친절한 응대를 받으며 먹었을 때 등 돈을 쓰면서 기분 좋을 때가 있으시죠?

고객이 지불한 돈이 아깝지 않도록 느끼게 하는 방법! 지금부터 알아보겠습니다.

서비스란 무엇이라고 생각하시나요? 무조건 무료로 제공하는 게 서비스는 아닙니다. 무료로 제공한다고 하더라도 기억할 만한 서비스를 하는 것이 중요합니다. 네일 아트를 받으러 온 여성 고객이 자녀의 손톱을 잘라 줄 때마다 날카롭게 잘라져 자꾸 얼굴을 긁힌다고 고민을 토로했습니다.

"그러셨군요. 속상하셨겠네요. 아이들 손톱은 어른 손톱보다 얇기 때문에 가위로 자르거나 손톱깎기로 잘랐을 때 손톱의 단면이 날카로운 경우가 많습

니다. 손톱 끝부분을 부드럽게 만들어주는 손톱 정리용 도구를 사용하여 갈아
주세요."

도구를 드리면서 친절하고 자세하게 사용 방법을 설명드렸던 적이 있습니
다. 고객님은 손톱 정리용 도구를 받으시고 감사하다는 인사를 여러 번 하셨죠.
그 이후에도 저희 매장에 신뢰를 가지고 지속적으로 방문하시게 되었습니다.

이처럼 가벼워 보이는 고민도 공감이라는 감정 터치와 솔루션 제공이라는
해결 방법을 통해 고객의 마음을 움직일 수 있습니다. 다음번에 방문하셨을
때 기억하고 있다가 다시 한 번 상기시켜 준다면 고객 감동으로 이어지겠죠.

"고객님 손톱 정리용 도구 사용해보셨어요? 이제 아이 얼굴 긁히지 않죠?"

또 다른 사례입니다.

필자의 매장 문을 열고 절뚝거리며 들어오시는 고객을 보니 발톱이 아프시
구나 싶었습니다.

"그간 병원도 가보고 혼자 발톱도 잘라 보았지만, 점점 아파서 걷지도 못하
겠어요. 해결 좀 해 주세요."

발톱이 파고들어 염증을 유발하고 고름이 나오는 상태였죠.

"비용은 상관없습니다. 발톱만 안 아프게 도와주세요."

필자는 손·발톱 관리 전문가입니다. 발톱이 더이상 파고들지 않도록 다듬
어 관리를 해 드리니 즉각적으로 해결되었지요.

"고객님, 이제 일어나서 걸어 보시겠어요?"

"와~ 안 아프네요. 발톱 의사네요. 고맙습니다. 이제 살 거 같아요."

고객은 멀쩡하게 걸어 나가셨습니다. 고객이 해결하기 힘든 문제를 해결해 주었으니 지갑을 여는 게 아깝지 않겠죠.

고객을 흡족하게 만드는 것, 고객님의 입장에서 생각하고 공감하는 것이야 말로 진정한 서비스입니다. 그것이 친절이든, 실력이든, 가격이든 고객님의 마음속에 좋은 기억으로 남아야 합니다.

그렇다면 고객의 마음을 헤아리기 가장 좋은 방법을 알고 계시나요? 바로 역지사지. 뻔하다구요? 하지만 이만한 방법은 없습니다. 내가 고객일 때를 생각해 보는 것입니다. 내가 쓴 돈이 아깝지 않았을 때가 언제인가 하고 끊임없이 생각해 보는 겁니다.

✔ 친절하게 응대하여 문제 해결(고객 응대 서비스 만족)
✔ 가격 대비 성능의 만족감(가성비 만족)
✔ 질 좋은 음식이나 품질이 좋은 제품의 만족(품질 만족)
✔ 가격 대비 마음의 만족감(가심비 만족)

핸드폰 매장에서 핸드폰을 구매하면 이것저것 선물을 주는 경우를 경험해 보셨나요? 다양한 선물을 증정함으로써 고객 만족감을 배가시키려는 마케팅 방법입니다. 그런데 필자는 별로 감동적이지 않았습니다. 정작 쓸모가 없는 경우가 많아 결국은 예쁜 쓰레기로 전락해 버리는 경우가 대부분이었습니다. 선물은 받는 사람이 고맙다고 느껴야 하지 않을까요? 어떤 서비스든 간에 고객이 원하고 진심이 담긴 것이어야 고객 감동으로 전달됩니다.

필자는 오래된 단골 고객에게 깜짝 선물을 하기도 합니다. 출산했다는 소식이 들려오면 기저귀 선물을, 다쳤거나 아프다는 소식엔 죽 선물, 평소 고마움을 전달하고 싶은 고객에게는 차나 커피 같은 선물을 드리죠. 상황에 맞는 선물, 취향을 저격하는 선물은 유대 관계를 더 강하게 만듭니다.

결혼식을 앞둔 고객님께는 "고객님, 행복한 결혼식 되세요. 건강한 가정 만드시길 빌어요."하고 축하 인사를 건네거나, 직장일로 힘들어 하는 고객님께는 "오늘의 네일 아트가 고객님의 스트레스를 날려주었으면 좋겠다."처럼 고객이 행복하기를 바라는 마음을 담습니다.

필자의 매장에는 무료 서비스나 할인이 전혀 없습니다. 할인이나 무료 서비스를 많이 하는 것보다 매 순간 최선을 다하고, 친절하게 고객을 대하여 고객이 만족하게 하는 것이 모토이기 때문입니다. 무료 서비스나 할인을 이유로 방문한 고객은 대부분 일회성으로 끝납니다. 꾸준하게 재방문하도록 하는 방법은 고객이 지불한 돈이 아깝다고 느끼지 않도록 해야 하는 겁니다.

✵

매장은 사랑방 같은 곳

우리 매장을 사랑방 같은 곳! 기분 좋고 편안한 곳! 다시 가고 싶은 곳으로 만들려면?

TVN 방송국에서 방영한 〈어쩌다 사장 1〉이라는 프로그램이 있었습니다. 시골의 작은 가게를 운영하느라 휴가 한번 멀리 다녀오시지 못한 사장님을 휴가를 보내 드리기 위해 조인성, 차태현 배우가 매장을 맡아서 운영하는 예능 프로그램이었죠. 이 작은 가게에는 공산품·식료품뿐만 아니라 차표도 팔고, 라면 같은 간단한 식사도 판매합니다. 연기만 하던 두 배우는 가게 운영을 처음 해 봅니다. 가격도 잘 모르고, 제품이 어디 있는지, 게다가 고객이 주문한 식사까지 준비하느라 우왕좌왕하는 모습이 재미있었습니다.

하루 종일 많은 손님들이 오며가며 가게에 들릅니다. 꼭 물건을 사러 오는 것이 아니어도, 물건을 사러 왔지만 한참을 앉아서 이야기하기도 하고, 점심 한 끼 해결하러 라면 한 그릇 후딱 드시고 가는 모습이 참 인상 깊었습니다. 그곳은 단순히 물건만 파는 가게가 아니라 오며가며 편하게 들를 수 있는 사랑방 같은 곳이었습니다. 서로의 안부를 묻고, 웃고 이야기하는 사람 사는 냄새가 물씬 풍기는 그곳을 보며 내가 운영하는 곳도 저런 곳이었으면 좋겠다는 생각을 했습니다.

제가 운영하는 매장의 단골 고객님이 이런 말씀을 해 주셨습니다.

"여기는 신기하게 사랑방 같은 느낌이에요. 오손도손 이야기하면서 관리받을 수 있으니 그냥 편해요."

우리나라의 한옥에는 대문으로 들어가지 않아도 외부에서 방으로 바로 들어갈 수 있는 구조가 하나 있습니다. 바로 사랑방입니다. 손님이 방문하면 묵을 수 있게 해 놓은 여유 공간 같은 곳입니다. 대문 밖에서 방으로 통하는 입구로 시간에 구애받지 않고 자유롭게 드나들 수 있는 것이 특징입니다. 사람들은 사랑방에 앉아서 이런저런 얘기를 하며 즐거운 시간을 보냅니다. 그렇기 때문에 사랑방은 가고 싶은 곳, 편안한 곳, 좋은 사람들의 공간의 대명사가 된 것이지요.

살다 보면 문득 다시 한번 더 가고 싶은 곳이 있습니다. 아마 그런 곳은 사랑방 같은 곳이 아닐까요? 사랑방 같이 고객에게 만족감을 주는 요소가 잘 맞아떨어지는 장소 말입니다. 친절 또는 상품의 퀄리티, 장소가 주는 느낌, 편안한 인테리어는 기본입니다. 고객이 다시 가고 싶은 곳이 되려면 어떻게 해야할까요? 고객이 원하는 것을 정확히 파악해서 제공해야 되겠죠. 고객의 가치관과 라이프 스타일을 잘 파악하고 있어야 고객과 희로애락을 함께할 수 있습니다.

들어서는 순간부터 기분 좋은 매장이 되려면 고객 관리를 위한 노력이 필요합니다. 필요한 사항을 매뉴얼로 정리해 놓는다면 일관성 있게 고객 관리를 할 수 있습니다. 고객의 입장에서 퇴장까지의 매뉴얼입니다. 고객을 맞이하는 인사나 음료 서비스 멘트, 관리 중간에 해야 할 일, 퇴장할 때 하는 인사 등을 정하여 체계적으로 운영하는 것입니다. 또한 직원들의 서비스 마인드와 행동 그리고 매너 같은 것들도 매뉴얼화되어 있으면 매장 운영이 한층 더 체계화됩니다. 매장에 대한 자부심이 태도에서 나타날 수 있다면 더할 나위 없겠죠.

필자는 평소에는 매장의 대표로 일하지만 일상생활 중에는 소비자로서 다른 매장의 서비스를 경험하는 일도 많습니다. 최근에 기분 좋았던 매장의 사례를 몇 개 공유해 보고자 합니다.

치과 하면 대부분 '가기 싫은 곳'이죠? 그런데 최근에 치과에서 기분 좋고 편안함을 느낀 사례가 있었습니다. 전화로 스케일링을 예약했습니다. 예약도 빠르게 안내해 주고 원하는 시간에 맞춰주려고 하는 노력이 기분 좋았습니다. 치과 대기실에 도착하니 모니터로 치과 치료, 도구 소독 관련 영상을 반복적으로 보여 주고 있었습니다. 대기하는 동안 자연스레 보게 되었죠. 체계적이고 꼼꼼한 위생 시스템을 보니 더욱 안정감이 들더군요. 진료가 시작되기 전 시린 이와 통증을 무디게 해 주는 가글을 사용해서 스케일링의 불편함을 최소화해 주었습니다. 평소 스케일링만 받으면 긴장한 탓에 어깨와 목이 단단하게 뭉치는데 가글 덕분인지 전혀 불편하지 않았습니다. 시술 도중에도 잇몸이 아프지 않도록 조심히 다루어 주었죠. 치과 치료 전반 시스템이 잘 갖춰져 있고, 고객 중심적이어서 상당히 만족스럽고 재방문하고 싶은 곳이었습니다.

최근에 저희 고객이 겪은 사례가 인상 깊어 소개해 드리겠습니다. SNS에서 유명한 헤어 숍에서 헤어 커트를 하며 느낀 점을 상세하게 말씀해 주셨답니다.

"그 헤어 숍은 머리 한 번 커트하는 데 16만 5천 원을 받아요. 깜짝 놀랄 가격이죠? 그런데 뭔가 좀 다르더라구요. 들어가는 순간부터 직원들이 반겨 주니 기분이 좋았어요. 대표님이 직접 커트를 해주었는데, 아주 편안하게 대해 주더라고요. 직접 경험해 보니 '단발머리 대통령'이라는 별명을 왜 얻게 되었는지 알게 되었어요. 우리가 보통 머리카락 자를 때 '단발머리로 잘라주세요.' 하면 긴 머리를 일단 덥석 자르잖아요. 거기는 샴푸 후 중간 정도로 머리를 자르고 얼굴 스타일과 길이를 한번 맞춰봐요. 조금 더 다듬어야 될 것 같다 하면 다시 샴푸를 해요. 또 커트를 하고요. 그래서 본인 얼굴에 맞는 커트를 두 번 내지 세 번까지도 해준다고 합니다. 무조건 짧게 자르는 단발이 아니라 고객의 얼굴과 스타일, 머릿결에 맞는 헤어 스타일링을 해줍니다. 헤어 커트 비용이 16만 5천 원이라도 아깝지 않았다는 생각이 들었어요."

이렇게 말씀하시면서 마지막에 이런 이야기를 추가로 들려주셨어요.

"네일 포유랑 비슷했어요. 원장님."

그렇게 얘기해 주시더라고요. 매장에 방문한 고객을 편안하게 해주고 원하는 바를 정확하게 이뤄주는 것이 재방문을 만드는 비결입니다. 결국 고객의 마음을 움직이는 것은 정성을 담은 태도와 마음이 아닐까요?

매장 관리 노하우

관리가 잘 안 되는 매장은 대충 봐도 티가 납니다. 지저분한 외관, 원활하지 않은 매장 시스템, 불친절한 태도 등.
현재 운영하고 있는 매장이 계속 오고 싶을 만큼 매력적인 곳인가요? 고객의 기억 속에 남을 만한 매장이 되는 법, 매장의 모든 곳에서 매출을 일으키는 법, 고객 관리만큼이나 중요한 매장 관리 노하우를 알아 봅시다.

내 매장의 색깔은

고객들에게 어떤 매장으로 기억되길 바라십니까? 고객은 방문했던 날의 느낌으로 매장을 기억합니다. 방문 기억이 긍정적이라면 매장을 다시 찾을 것이고, 부정적이라면 손사래를 치거나 잊어버리죠. 예를 들어보겠습니다.

어느 반찬집을 운영하는 사장님은 다음과 같은 마인드로 매장을 운영한다고 합니다.

"이 동네에서 반찬으로 제일 유명한 집이 될 거야. 하지만 그냥 맛있는 반찬이 아니라 집에서 엄마가 만든 것과 같은 반찬. 누가 보아도 건강한 식재료로 정성을 다해 만들었다는 믿음을 주는 반찬집이어야 해."

고객들은 엄마가 만든 반찬, 건강한 식재료로 맛을 낸 정성이 담긴 반찬이 먹고 싶으면 이 반찬집을 떠올릴 겁니다. 고객들의 인식 속에 매장의 이미지가 사진처럼 각인되는 것! 그것이 바로 매장의 색깔입니다. 매장의 색깔을 정하는 것은 중요합니다. 수많은 반찬집 중에서 고객의 기억 속에 확실하게 각인시키는 것이 무한 경쟁 시대에 살아남는 방법입니다.

매장을 운영하다 보면 어려워질 때도 있습니다. 잘 된다는 매장이 있다는 소문에 귀가 솔깃해 집니다. 우리 매장만 빼고 다른 매장은 다 손님이 많아

보입니다. 불안하기 시작합니다.

"옆 매장은 아이들 상대로 슬라임이라는 놀이감을 파는데 장사가 굉장히 잘 된대."

돈이 될 것 같다는 생각으로 무턱대고 따라합니다. 현재 매장에서 판매하는 제품과 연관성도 없고 어울리지도 않는 상품을 선택한 것입니다. 얼마 안 가 그것이 유행을 타는 상품이고, 매출이 생각만큼 오르지 않는다는 것을 깨닫게 됩니다.

고객은 전문성이 있는 상품을 신뢰합니다. 매장 운영이 어려워지는 경우 다시 원점으로 돌아가서 스스로 생각해 보길 바랍니다. 나는 왜 이 매장을 운영하는가? 내가 진정 원하는 것이 무엇인가?

이처럼 내 매장의 색깔이 없으면 주력 상품이 없는 양품점 같은 느낌의 매장이 될 수 있습니다. 고객들이 기억하기 쉽게, 긍정적인 느낌이 되도록 구체적으로 구상해야 합니다. 구체적일수록 실현하기 수월하죠. 여러분이 주력으로 보여주고 싶은 상품이 무엇인지, 어떻게 보여지고 싶은지 고민해 보세요.

고객의 인식 속에 딱 떠오르는 것! 그것이 브랜딩입니다. 고객의 의식 속에 어떤 이미지를 심고 싶은지 생각해 보시길 바랍니다. 그게 내 매장의 색깔이 되고, 앞으로의 방향성입니다.

제가 공부하면서 인상 깊었던 책의 한 부분을 소개합니다. 그 책의 제목은 《모든 비즈니스는 브랜딩이다》(홍성태 저)입니다.

"결국 모든 비즈니스는 브랜딩을 해 나가는 과정이 아닌가 싶습니다. 브랜딩을 이해하는 데 무엇보다 중요한 것은 브랜드가 명사가 아닌 동사라는 점입니다. 브랜드는 단순한 제품의 명칭이 아니라 '감정을 가진 생물'처럼 임직원 모두가 끊임없이 관리해 줘야 할 대상이지요. CEO나 임원, 중간 관리자에서 말단 직원에 이르기까지 직급을 막론하고 누구나 전사적으로 동일한 목표를 공유해 소비자에게 한목소리를 내는 데 꼭 필요한 요소입니다."

브랜딩의 중요성을 익히 알고 있는 필자는 다음과 같은 다짐을 하였습니다.

"똑같은 네일 숍은 싫다."

예쁜 네일 아트를 여기서도 할 수 있고 저기서도 할 수 있다면 고객들은 가격이 저렴한 곳을 선택합니다. 하지만 가격 경쟁만으로는 살아남을 수가 없습니다. 유혈 사태만 일으킬 뿐이죠. 그렇다면 차별화가 필요합니다.

"우리 매장만의 색깔, 고객이 우리 매장에 올 수밖에 없는 이유를 만들자. 고객의 불만을 우리의 장점으로 바꾸자."

고객들의 불만을 정리하면 다음과 같습니다.

"매장이 지저분해요."

"불친절해요."

"실력 차이가 복불복이에요."

"내 손톱을 생각해 주기보다는 돈이 우선인 거 같아요."

"전문성이 의심돼요."

이런 부정적인 의견이 많습니다.

그래서 저는 부정적인 의견을 최소화시키고, 더 나아지도록 노력하여 고객이 올 수밖에 없는 매장을 만드는 데 집중했습니다.

- ✔ 나를 위해, 고객을 위해 청결한 네일 숍 만들기
- ✔ 친절은 우리를 따라올 수 없도록 응대하기
- ✔ 기술 상향 평준화를 목표로 교육에 투자하기
- ✔ 돈도 중요하지만 고객의 손·발톱 건강을 우선하는 관리하기
- ✔ 손·발톱은 누구보다 우리가 전문가. 손·발톱 전문가 되기
- ✔ 문제성 손·발톱 하면 생각나는 매장으로 만들기

우리 매장에 올 수밖에 없는 이유를 끊임없이 만들어내어 우리만의 색깔을 만들어 고객이 이탈되지 않도록 노력하고 있습니다.

지금 매장의 정체성이 불분명하다면 다시 한번 돌아보세요.

- ✔ 지금 내가 원하는 것은 무엇인가?
- ✔ 내가 왜 이 매장을 운영하는가?
- ✔ 매장을 운영함으로써 얻는 것은 무엇인가?
- ✔ 고객이 원하는 것은 무엇인가?

매장의 색깔은 하루아침에 만들어지지 않습니다. 위의 질문을 수시로 자신에게 상기시키며 답을 찾아보면, 어느샌가 내가 원하는 매장의 색깔과 방향성이 만들어질 것입니다.

관리 품목의 단일화로 선택과 집중

우리는 살면서 선택해야 할 때가 무수히 많습니다. 여러분도 매일 점심 시간만 되면 선택의 기로에서 고민하시죠?

"오늘 점심 무얼 먹을까?"

저도 점심 메뉴 고르는 것이 가장 어렵더라고요. 만약 여러분이 50년 전통의 설렁탕과 30개 메뉴를 보유한 분식집의 설렁탕 중 한 가지를 골라야 한다면 어떤 것을 선택하시겠습니까?

여러 가지 메뉴가 있다면 다양성 때문에 좋을 수 있습니다. 하지만 메뉴의 재료가 각기 다르고 레시피도 워낙 방대하기 때문에 항상 같은 맛을 내야 하는 매장 입장에서는 해야 할 일이 너무 많게 되죠. 30가지나 되는 메뉴를 준비해야 하는데, 설렁탕 전문점처럼 한 가지 맛에 집중할 수 있을까요?

무쇠솥에 오랜 시간 끓여 낸 정성이 담긴 설렁탕과 공장에서 만들어 낸 설렁탕은 확연한 맛의 차이가 있습니다. 그런 매장의 광고 문구를 보면 '3대를 이어 직접 만드는 전통이 있는 깊은 맛의 설렁탕'이라는 매장의 색깔이 분명합니다. 한 그릇을 먹더라도 전문성이 있는 곳에서 맛있게 먹고 싶다는 욕구가 있기 때문에 사람들은 'ㅇㅇ전문/ㅇㅇ년 전통'이라는 곳을 신뢰하게 됩니다. 저도 설렁탕이 먹고 싶으면 분식집에서 파는 설렁탕 대신 전문점을 찾아갑니다.

최근 카페나 음식점을 살펴보면 비슷한 양상을 관찰할 수 있습니다. 커피, 주스, 빙수 등 모든 메뉴가 있는 카페가 있는가 하면, 단지 몇 개의 커피와 디저트 메뉴에 집중하는 곳도 있습니다.

실제로 한 사장님을 인터뷰해 보았습니다.

"저도 이것저것 다 만들어서 팔아야 하나 싶은 생각이 들지만, 식재료가 소진되지 않으면 손해도 생기고, 남은 식재료를 사용하면 신선하지 않기 때문에 집중해서 잘 만들 수 있는 것을 선택했습니다. 다양한 메뉴를 원하는 고객은 놓칠 수밖에 없지만, 저의 매장의 맛과 분위기를 좋아하는 고객은 단골로 만들 수 있었습니다."

매장 품목을 단일화하여 생산성을 높이고 고퀄리티에 집중하는 거죠.

필자도 20년 넘게 뷰티 업에 종사하면서 네일, 메이크업, 속눈썹, 왁싱, 반영구 화장 등의 기술을 가지고 있습니다. 다양한 기술을 보유하는 것이 실력이고, 돈도 더 많이 벌 수 있다고 생각했습니다. 하지만 제 몸은 하나이고 시간도 제한적입니다. 고객이 많이 찾아와도 시간이 부족하여 다 관리해 드릴 수 없습니다. 또한 관리 품목별로 고객 관리가 다르기 때문에 생산성도 떨어집니다. 이는 오히려 고객 불만족, 고객 이탈로 이어질 수 있습니다. 각 품목마다 기술을 향상시키는 데 시간과 에너지·노력이 필요하죠. 각 메뉴마다 사용되는 재료나 제품도 다릅니다. 유통 기한이 있는 제품도 있기 때문에 제때 소진하지 못하면 폐기해야 합니다. 이런 경우 매출보다 소비되는 비용과 시간이 많기 때문에 비효율적입니다.

 필자도 선택이 필요했습니다. 매장의 방향성을 '토탈 뷰티 숍'이라고 설정하기에는 업무의 피로도가 높았습니다. 수많은 기술 중에서 내가 가장 좋아하고 잘할 수 있는 것을 선택하고 집중해야 되는 시점이라고 판단되었습니다. 20년 동안 열심히 해온 모든 기술들을 버리는 게 너무 아까웠습니다. 하지만 결단을 해야 했습니다. 저는 가장 잘할 수 있고 좋아하는 일인 손·발톱 관리를 선택했습니다. 다른 모든 기술은 과감히 정리했습니다. 아쉬워하는 고객들이 많아 마음이 흔들릴 때도 있었지만, 결단하지 않으면 매장의 방향성에 맞는 브랜딩도 어려웠을 것입니다.

> '생산성의 핵심은 복잡함을 제거한 후
> 가장 본질적인 곳에 에너지를 집중하는 것이다.
> 시간의 양 대신 밀도를 높여야 한다.
> 생산성은 새로운 걸 하는 게 아니라 일단 하지 않아도 되는 것,
> 쓸데없는 일을 줄이자는 것이다.
> 줄이고 줄이고 또 줄여야 한다.
> 없애고 없애고 또 없애야 한다.'
> 《고수와의 대화, 생산성을 말하다》 (한근태 저) 중에서

 이 책에서는 생산성을 높이려면 무조건 단순화시켜라, 그리고 집중하라고 강조합니다. 한 분야에 집중하여 퀄리티를 높이고 그 안에서 전문성을 키우고 더 높은 매출을 올리는 것이 중요하다고 이야기합니다.

이처럼 필자의 매장에서는 메뉴를 단순화시켜서 생산성을 높이는 데 집중했습니다. 저는 관리 품목을 단일화시켜서 직원들을 교육하고 훈련시키는 것에 더 중점을 두었습니다. 그러다 보니 불필요한 교육은 줄이고, 꼭 필요한 교육만 깊이 있게 집중해서 할 수 있었습니다. 잡다하게 많았던 업무도 줄였습니다. 이렇듯 연습이나 훈련을 위한 시간이 확보되니 직원들의 실력도 더 전문화될 수 있었습니다. 또한 관리 품목을 정리하여 줄이니 제품이나 재료가 현저히 줄어 비용 절감은 물론, 재료들이 차지했던 공간도 넓어지고, 관리도 수월해졌습니다.

무엇보다도 중요한 것은 시간적인 여유와 매출의 상승입니다. 예전에는 하루하루 예약 손님을 다 받는 것도 버거운 고된 일정이었죠. 하지만 이젠 교육할 시간도 생기고 예약이 꽉 차 있지 않더라도 매출이 떨어지지 않습니다. 오히려 매출은 상승되었습니다. 개별 단가가 높은 관리 품목으로 단일화시키는 탁월한 선택과 밀도 있는 집중으로 구조 조정이 이루어진 것입니다.

여러분 매장의 품목을 다시 한번 점검해 보세요. 불필요한 부분은 없는지, 꼭 필요한 것은 무엇인지, 생산성을 높이려면 어떤 방법을 선택하면 좋을지 고민해, 보시기 바랍니다.

매장의 매력으로 어필하라

매력(魅力)이란 사람의 마음을 잡아 끄는 힘입니다. 성공적인 매장 운영을 위해서는 고객을 잡아 끄는 매력이 필요한데요. 고객에게 매력적인 매장이 되려면 무엇이 필요할까요? 멋진 인테리어, 친절한 서비스, 편리한 시스템, 맛있는 음식, 품질 좋은 제품 등 여러 가지 요소가 있겠죠.

특히 인기 있는 SNS 인스타그램을 보면 요즘 '핫플'이 대세입니다. 핫플은 핫 플레이스의 줄임말로 여러 사람에게 인기 있는 장소를 말합니다. 핫플이 되려면 매력적인 한 가지 포인트가 있어야 합니다. 앞장에서 언급한 것처럼 매장의 색깔이 분명해야 하고, 고객의 기억 속에 남을 만큼 매력이 있는 곳이어야 하죠.

최근 대형 베이커리 카페가 유행입니다. 필자도 직접 대형 베이커리 카페에 가보았습니다. 인테리어가 무척 근사하고 다양한 빵이 먹음직스럽게 진열되어 있었습니다. 누구나 스마트폰 카메라를 켜게 만드는 비주얼이었죠. 사람들이 원하는 것을 잘 파악하고 있었습니다.

코로나 19로 3년에 가까운 시간 동안 여행이나 나들이 한번 제대로 못가셨죠? 마음껏 외출하기도 어렵다 보니 요즘 사람들에게 소확행(작지만 확실한 행복)은 중요한 키워드입니다. 카페에 가서 차 한 잔을 마시더라도 인테리어가 멋있는 곳, 사진 찍어 SNS에 올릴 만큼 예쁜 곳, 음식이 아주 먹음직스러운 곳이어야 합니다. 그곳에 가면 행복해질 거라는 매력이 있어야 합니다.

음식 맛도 중요하지만 고객에게 편리하고 쾌적한 내부 인테리어도 간과할 수 없는 부분입니다. 요즘 '인스타그래머블(instagramable)'이라는 표현이 있습니다. 인스타그램에 올리기에 적합한 예쁜 매장이라는 뜻이지요. 인스타그래머블한 정도의 인테리어를 갖추고 있다면 더 많은 입소문 효과를 일으킬 수 있습니다.

물론 기분 좋아지는 매력이 있어도 몇 가지 불만족 때문에 고객에게 외면당할 수도 있습니다. 매장에 대한 정보가 부족한 경우가 그중 하나입니다. 예를 들어 매장 위치/영업 시간/메뉴/가격 등 매장에 대한 정보가 충분하지 않아 고객이 다른 곳으로 이탈될 수 있습니다. 다양한 인터넷 채널을 통해 고객이 충분한 정보를 제공받을 수 있도록 준비해야 합니다. 또한 예약 시스템, 대기 앱 시스템, 결제 시스템과 같은 편리한 시스템을 잘 갖춰 놓고 있으면 이용자를 더욱 늘릴 수 있습니다. 실제로 많은 직장인들은 직장에서 일을 하는 중에는 눈치가 보여서 전화로 예약하는 걸 꺼린다고 합니다. 핸드폰을 눌러서 간단하게 예약할 수 있는 예약 시스템을 선호하죠.

또 한 가지 정말 중요한 것은 바로 주차 시설입니다. 요즘 대부분 차를 이용하기 때문에 주차를 중요하게 생각해야 됩니다. 주차 시설이 불편하다면 고객은 단지 주차가 불편하다는 이유로 이탈할 수 있습니다. 주차가 용이한 곳에 매장이 위치해야 하고, 만약에 그렇지 않다면 주변에 쉽게 주차할 수 있는 곳을 찾아서 고객에게 안내해야 합니다.

여러분은 매장에 가면 어느 곳을 가장 중요하게 생각하시나요? 저는 화장실을 가장 중요하게 생각합니다. 아무리 고급스러운 레스토랑이라도 화장실이 지저분하거나 관리가 잘되어 있지 않으면 매장의 신뢰도가 떨어집니다. 화장실이 작은 부분이라고 관리를 소홀하게 한다면 다른 것들도 마찬가지일 것이라는 선입견 때문이지요.

《왜 유독 그 가게만 잘될까?》(현성운 저)라는 책에서는 '잘 되는 가게는 화장실부터 남다르다.'고 이야기합니다.

"대박집은 화장실 관리 시간도 충분하지 않을 만큼 바쁘다. 화장실을 고객이 편하게 사용하도록 배려하고 어떻게 하면 효율적으로 잘 관리할지 고민을 한끝에 여러 대박집의 공통점을 찾아냈다. ① 늘 여유분의 화장지를 비치한다. ② 휴지통 사이즈가 크다. ③ 뚜껑 있는 휴지통을 사용한다. ④ 휴지통 바닥에 무언가 깔아 들러붙지 않게 한다. ⑤ 화장실을 광고판으로 활용한다."

이처럼 이 책에서 화장실 같이 작은 부분까지도 고객에게 초점을 맞추고 고객을 배려해야 한다고 주장하고 있습니다.

다음으로는 전화 응대에 대해 이야기하겠습니다. 인터넷 예약 시스템을 이용하기 때문에 고객과의 전화 응대가 필요 없다면 상관없지만 고객과 대면하기 전의 첫 만남은 전화 상담입니다. 전화 상담에서 고객의 내방이 70% 정도 정해진다고 해도 과언이 아닙니다. 전화 목소리에서 친절함, 신속함, 정확함, 전문성을 느끼게 한다면 고객은 매장에 대한 신뢰감을 갖습니다. 신뢰감은 구매 결정에 도움을 주고 고객의 방문으로 이어질 수 있습니다. 한 가지 더 이야기하자면 모든 직원들의 응대가 일관성이 있어야 합니다. 저 직원은 저렇게 말하고, 이 직원은 이렇게 말한다면 고객에게 혼란을 주거나 신뢰를 잃을 수 있습니다. 누구나 일관성 있게 응대할 수 있도록 매뉴얼을 구축해 놓으면 훨씬 전문적인 매장이 될 수 있습니다.

제가 운영하고 있는 네일 숍도 마찬가지입니다. 고객이 매장을 방문하는 이유가 단지 실력이 좋아서만은 아닙니다. 재방문을 만들고 단골 고객이 되게끔 매장의 시스템을 구축해 놓았기 때문입니다. 고객의 입장에서 무엇 하나 놓치지 않고 고객에게 매력적인 매장이 되기 위하여 노력합니다. 고객이 매장에 대한 정보를 얻을 수 있는 인터넷 플랫폼, SNS 정보 등을 갖춰놓고, 예약 채널 또한 다양하게 준비해 원활하게 이루어지도록 합니다. 전화응대 시 반드시 가보고 싶을 만큼 친절하게, 전문성 있게 상담합니다. 매력이 있는 매장으로 만드는 것이 매장 성공의 열쇠입니다.

여러분의 매장에는 어떤 매력이 있나요?

＊

단 0.5평도 허투루 쓰지 마라

매장의 인테리어는 아주 중요합니다. 매장의 색깔을 나타내죠.

"그 곳은 인테리어가 아름답다."
"인테리어가 좋아 이용하기 편리하다."

궁극적으로는 "저 곳에 가보고 싶다."라는 생각이 들게해야 합니다. 매장 운영에 있어서 인테리어가 중요한 시대가 되었습니다. 특히 매장의 크기가 작다면 작은 공간을 계획할 때 신경써야 할 부분이 많습니다. 편리한 동선이나 고객의 시선이 머무는 곳에 제품 진열하기, 자투리 공간 활용 등 미리 구상을 해놓아야 실패가 없습니다.

고객의 동선을 고려해야 하는 이유는 동선에 대한 설계가 고객을 편안하게 만들어주고, 시간을 효율적으로 사용하도록 도와주기 때문입니다. 복잡해서 헤매거나 불편하지 않도록 구성해야 합니다.

한편 근무자들의 동선도 중요합니다. 불필요하게 이동하지 않고 효율적으로 이동히도록 고민해야죠. 자주 사용하는 것들은 손에서 가까운 곳에 배치하고, 매장에 비치하지 않은 물품들은 보이지 않는 곳에 보관하여 항상 청결한 매장을 유지해야 합니다.

일전에 겉으로 보기엔 인테리어가 깨끗한 커피숍에 간 적이 있습니다. 그

곳을 선택한 이유는 깨끗한 외관 덕분에 커피가 맛있을 거 같다는 막연한 기대 때문이었지요. 하지만 커피를 주문하러 실내로 들어가서는 이내 실망하였습니다. 고객에게 커피를 담아줄 때 사용하는 1회용 컵이 카운터 주변에 산처럼 쌓여 있고, 커피를 만드는 곳도 지저분하게 어질러져 있었습니다. 커피 맛은 어땠을까요? 이러한 매장 분위기에 반전을 주었으면 좋았겠지만 예상대로 형편없는 맛이었습니다. 이처럼 인테리어가 중요하지만 매장 내부에서 이루어지는 서비스의 질도 높아야 합니다. 인테리어와 서비스의 질 이 두 가지는 일관성이 있어야 합니다.

매장은 매출을 발생시키는 가장 중요한 곳입니다. 매출이 발생하지 않는다면 매장은 존속할 수가 없죠. 쓸모없어 보이는 작은 자투리 공간에서도 매출이 발생할 수 있음을 기억하셔야 합니다. 대형마트에 갈 때를 생각해 보세요. 거기에 가면 카운터 근처에는 줄 서 있는 고객들의 시선을 잡아 끄는 자잘한 상품들이 많이 진열되어 있습니다. 기다리면서 자연스레 진열대를 응시하게 되어 자신도 모르게 초콜릿, 일회용 티슈, 면봉 등을 카트에 넣는 모습을 발견하곤 합니다. 이처럼 고객의 시선이 머무는 자투리 공간에 판매가 가능한 제품을 진열하는 것입니다.

《끌리는 매장의 비밀》(후쿠다 히로히데 저)에는 고객의 시선을 자세하게 표현한 구절이 있습니다.

"고객이 진열 선반으로 가까이 다가가 상품을 자세히 살피는 모습을 떠올려보자. 예를 들어 고객의 시선보다 낮은 3단 유리 선반이라면 고객의 시선은 '상단에 놓인 상품 → 가운데에 놓인 상품 → 하단에 놓인 상품' 순으로 이동한다. 만일 유리 선반 위에 상자가 놓여 있다면 시선은 '가운데에 놓인 상품 → 하단에 놓인 상품 → 상단에 놓인 상품' 순으로 이동한다. 일반적으로 상하가 3칸으로 나뉜 선반의 경우는 '정면 → 하단 → 상단' 그리고 '가운데 → 좌측 → 우측' 순으로 시선이 움직인다. 이처럼 고객의 시선이 어디로 가장 먼저 향하는지를 파악하고 그에 맞춰 상품을 진열해야 효과적으로 매출을 향상시킬 수 있다."

이 원리를 여러분의 매장에도 응용해 보세요. 카운터 근처에 상품들을 진열해 놓기, 고객의 시선이 머무는 곳에 팜플렛이나 안내문 비치로부터 시작해 보세요. 시각적으로 다시 한번 상기시켜 줌으로써 자연스럽게 구매로 이어지게할 수 있습니다. 이 경우에는 각자의 매장 환경에 맞게 세팅하는 것이 좋습니다.

필자가 매장을 세팅할 때 가장 중요하게 생각했던 부분은 모든 공간에서 매출이 날 수 있도록 만드는 것이었습니다. 매장의 크기가 작았기 때문에 허투루 낭비되는 공간이 생기지 않도록 구성했습니다. 발을 관리할 때 동시에 손도 관리받을 수 있도록 구성하였습니다. 매장 안쪽에는 벽면과 뒷문으로 이어지는 0.5평도 안 되는 작은 공간이 있습니다. 이 공간이 아까워서 거울과 전등을 달아서 눈썹 왁싱을 시술하는 장소로 만들었습니다. 실제 면적이 8.5 평인 매장에서 네 명의 직원들이 네 명의 고객을 모시고 동 시간대에 최고의 매출을 내기도 했었습니다. 작은 평수에 넉넉한 수납장 설치가 어려워 대기석 밑을 수납장으로 만들었죠. 필요한 가전 제품, 재료들은 수납장 안으로 넣어서 깔끔하게 보이도록 만들었습니다.

계산해 보면 한 평당 한 명 정도인데, 작은 공간에서 동선이 겹치거나 고객이 불편하지 않게 구성하는 것은 쉽지 않습니다. 하지만 고민하고 미리 시뮬레이션 해본다면 가능한 일입니다. 모든 공간에서 매출이 나는 '단 0.5평도 허투루 쓰지 않는 공간 만들기!' 여러분도 할 수 있습니다.

온전히 고객의 입장에서 매장을 둘러보세요. 커피를 파는 곳이라면 고객이 앉는 의자에서 커피를 마셔보고, 제품을 파는 곳이라면 제품을 고르고 계산하는 과정까지 확인해 보세요. 고객에게 더 나은 공간을 제공할 수 있는 노력을 멈추지 마세요. 매장의 어느 공간도 쓸모없이 만들지 마세요. 매장의 모든 공간에서 매출이 발생하는 기쁨을 느껴보시기 바랍니다.

마케팅 노하우

아무리 인테리어를 잘한 들, 직원 교육을 잘해 놓은 들 고객들이 알아주지 않으면 아무 소용없습니다. 고객이 우리 매장을 알고 긍정적인 인식과 호기심을 가져야 일단 찾아오겠지요. 우리 매장을 어떻게 알려야 할까요? 고객들에게 선택받는 방법은 무엇일까요? 뷰티 사업의 핵심인 마케팅 노하우에 대해 소상히 알아 보겠습니다.

고객의 머릿속에 자리잡는 법

매장의 색깔을 생각하셨나요? 그렇다면 브랜딩을 해야 합니다. 그럼 브랜딩의 정의부터 찾아볼까요?

"브랜딩이란
소비자들이 머리에서 시작해서 감정적으로 느끼는 것이다.
소비자들은 특정 브랜드에 신뢰감, 충성도, 편안함 등의 감정을 느끼며,
그런 감정들을 갖게 하는 긍정적인 경험들을 통해
그 브랜드에 가치와 이미지를 부여한다.
따라서 브랜딩이란 진정한 경험을 창조하고
소비자와 진실한 관계를 발전시켜 나가는 과정과
관계의 구축을 통해 형성된다고 할 수 있다."
출처 : [네이버 지식백과] 브랜딩(디자인기획과 전략. 2014. 4. 15. 김문기)

작은 매장이라 하더라도 고객이 매장을 확실한 이미지로 기억하게 하는 것이 재방문을 일으키는 중요한 요소입니다. 이때 필요한 것은 정체성이 확실한 브랜딩이겠죠.

스타벅스의 하워드 슐츠 회장의 책《스타벅스 커피 한 잔에 담긴 성공 신화》를 보면 미국에는 카페 문화가 없었다고 합니다. 스타벅스 사장은 이탈리

아의 카페 문화를 처음 체험하고 바리스타라는 멋진 이름을 가진 사람이 향기로운 커피를 만들고 사람들이 대화하는 모습을 보고 큰 감명을 받았다고 하는데요. 모르는 사람끼리도 인사하고 대화를 이어 나가는 모습을 보고 영감을 받아 미국에서 카페를 처음 만들었다고 합니다. 물론 스타벅스를 살펴보면 실제로 바리스타와 대화하고 모르는 사람들과 인사를 하는 모습을 볼 순 없지만 공간의 문화를 만든 것은 확실합니다. 이처럼 매장의 색깔을 정하는 것이 굉장히 중요합니다.

제가 최근에 읽은 책에서 참고할 만한 아이디어가 있습니다.

> "브랜드를 한 방향으로 이끌어가기 위해서는
> 브랜드 리더가 구성원과의 지속적인 교류를 통해 합의된 방향성을
> 명확하게 공유하는 노력이 필요하다.
> 우리가 왜 이곳에서 함께하는지, 우리의 일에 어떤 의미가 있고,
> 어떤 변화를 만들어낼 수 있는지 등에 대해 공감대를 형성해야 한다.
> 이후에는 그 방향성에 공감하는 사람들이 조직에 합류할 수 있다.
> 행복을 추구하거나 사람을 우선한다면서 정작 내부 구성원의
> 열악한 처우를 모르쇠로 일관하는 기업들을 우리는 익히 들어 알고 있다.
> 조직 내부 구성원과의 약속조차 지키지 못하는 기업이
> 고객과의 약속을 지킬 것이라고 기대하는 사람은 아무도 없다."
> 《브랜드 브랜딩 브랜디드》(임태수 저)

브랜딩할 때에는 가장 먼저 고객에게 어떤 매장으로 기억되고 싶은지를 생각해 보셔야 합니다. 나의 매장이 음식, 건강, 휴식, 교육 등에 목적을 둔 매

장인지, 아니면 뷰티 살롱처럼 아름다움 제공에 목적을 둔 매장인지를 생각하셔야 합니다. 목적이 정확하지 않으면 방향성이 모호해집니다. 사업의 방향성은 사업을 성공적으로 지속 가능하게 해주므로 매우 중요하죠.

✔ 왜 이 사업을 선택했는가?

✔ 이 사업으로 나는 무엇을 얻고 싶은가?

✔ 사람들에게 어떤 도움을 주길 원하는가?

✔ 당신의 사업을 한 마디로 정의해 보라.

방향성을 정했다면 고객에게 어떤 이미지로 보이고 싶은지 고민해 보길 바랍니다. 그 이미지는 긍정적일수록 좋고, 사람에게 도움을 주는 이미지라면 금상첨화겠지요. 긍정적인 경험이 우리 매장을 기억하게 하는 가장 좋은 방법입니다. 부정적인 경험을 한 고객들은 그 매장을 다시 찾지 않습니다.

요즘 키오스크가 많이 생겼죠? 키오스크란 공공 장소에 설치된 무인 정보 단말기를 가리킵니다. 주로 사람을 대신해서 주문과 결제를 할 수 있게 만들어진 기계이지요. 처음 도입되었을 때는 젊은 사람들도 사용하기 쉽지 않았습니다. 하물며 어르신들은 얼마나 당황스러웠을까요? 요즘은 셀프로 무엇이든 스스로 해결하게 되어 있지만, 셀프 주유도 어려워하던 시절이 있었죠.

지인이 평소 자주 가던 매장을 방문한 이야기입니다. 매장에 들어가니 사람 대신 웬 키 큰 물건이 떡 하니 입구를 차지하고 있더랍니다. 키오스크 자동 주문 기기였지요. 주변에 설명서도 없고 도와주는 사람도 없어 결국 원하는 물건을 사지 못하고 돌아가는데, 슬픔과 화가 동시에 났다고 합니다. 이런 경험은 키오스크를 설치한 모든 매장에 대한 부정적인 인식으로 적용될 수 있습니다. 새로운 시스템을 도입하는 초기에는 자세한 설명서나 도움을 줄 수 있는 직원을 배치하여 사용이 불편하지 않도록 배려해야 합니다.

지금부터 필자 매장의 브랜딩 사례를 소개해 드립니다. 네일 포유는 문제성 손·발톱 관리를 전문으로 하는 매장입니다. 손·발톱의 건강을 위하여 깨끗하게 정리하고 아름답게 관리해 주는 사업입니다. 필자는 손·발톱에 관한한 누구보다 많은 정보와 사례를 보유한 손·발톱 전문가입니다. 손·발톱에 문제가 있는 사람들에게 도움을 주고 싶고, 아름답게 해줌으로써 행복을 느끼게 하고 싶습니다. 또한 직원 채용으로 일자리를 창출하고 직원들을 교육하여 손·발톱 전문 관리사로 양성하는 것이 목표입니다.

매장은 뚜렷한 목적성과 정체성을 가지고 있습니다. 고객들은 단순히 예쁘게만 해주는 네일 숍이 아니라 손톱과 발톱의 건강을 우선으로 생각하는 매장으로 기억합니다. 그래서 손·발톱에 문제가 생기거나 궁금한 것이 있으면 네일 포유를 가장 먼저 떠올리고 문의합니다. 고객님의 인식 속에 〈네일 포유〉하면 '친절하고 청결한 매장, 체계적이고 전문적인 매장, 믿고 손·발을 맡길 수 있는 곳'으로 자리 잡고 있습니다.

브랜딩은 하루아침에 짠 하고 만들어지는 것은 아닙니다. 차곡차곡 쌓여서 만들어지는 것이지요. 매장의 색깔과 방향성을 정했다면 구성원들과 함께 끊임없이 알려야 합니다. 지속적으로 고객에게 전달하는 것입니다. 사업을 하다 보면 방향성을 잃었거나, 흔들릴 때도 있습니다. 처음에 기준을 삼았던 매장의 색깔과 방향성을 되돌아보십시오. 고객의 인식 속에 우리 매장의 이미지를 어떻게 심을 것인지 고민해 보길 바랍니다.

마케팅이 중요하다

고객을 유치하기 위해서는 마케팅이 중요하다는 거 알고 계시죠? 고객들은 많은 정보를 원합니다. 우리 매장에 대해서 알리는 것이 고객에게 정보를 전달하는 과정입니다. 고객은 다양한 정보를 통해 원하는 매장을 선택하고 방문하게 됩니다. 마케팅툴을 이용해 고객 유치를 하지 않으면서 손님이 없다고 전전긍긍하는 사람들을 주변에서 많이 볼 수 있습니다.

"매장에 고객이 오게 하기 위해서 어떤 마케팅을 하고 계시나요?"
"마케팅하는 거 특별히 없는 데요."
"내 매장을 적극적으로 알리지 않는데 어떻게 고객이 찾아서 오지요?"
"네이버에는 올라가 있어요. 간판 보고 오는 경우도 있어요."

요즘은 미디어가 하루가 다르게 발전하는 시대여서 아무것도 하지 않으면 아무 일도 일어나지 않습니다. 내 매장이 어디에 있는지도 알 수 없을 정도로 정보의 홍수 속에 묻혀버리지요. 마케팅을 어떻게 하느냐에 따라 성공 여부가 좌지우지되는 시내입니다.

필자의 매장을 예를 들어보겠습니다. 고객들은 발톱이 파고들거나 무좀 발톱으로 불편함을 겪을 때 관련된 정보를 얻기 위해 검색을 시작합니다. 보통은 '내성 발톱', '무좀 발톱' 이렇게 검색하게 되겠죠. 정보가 다양하게 검색되면 고객은 그중에서 자신에게 필요한 정보를 선택하게 됩니다. 처음에는 병원에 가야 할지, 네일 숍에 가야 할지 몰랐지만, 검색한 정보를 통해 결정하게 됩니다. 실제로 필자의 매장을 방문한 대부분의 고객들은 네일 숍에서 불편한 발톱을 관리해 주는지 전혀 몰랐다고 합니다. 이것이 바로 정보의 부재겠지요.

이처럼 인터넷 시장에 우리 매장에 대한 정보가 없다면 고객이 찾아올 가능성은 희박합니다. 포털 사이트에 매장의 이름이나 검색어를 쳤을 때 우리의 매장이 노출돼야 하죠. 예전에 쿠키를 선물 받은 적이 있습니다. 너무 맛이 좋았습니다. 재구매도 하고 싶고 지인에게 선물도 하고 싶었죠. 아무리 쿠키 통을 뒤져도 상호나 연락처가 없는 겁니다. 휴대폰의 쇼핑 렌즈로 찍어서 검색해도 나오지 않자 포기하고 말았습니다. 이처럼 고객에게 어떤 정보도 주지 않는 상품은 지속성이 없습니다.

마케팅을 통해 고객이 매장으로 전화하게 하고 매장에 발을 들여 놓게 하는 것은 어렵기도 하지만 굉장히 중요한 부분입니다. 그만큼 고객들도 많이 고민하고 결정하는 부분인 거죠. 저희 매장에는 고객 차트가 준비되어 있는데요. 고객 차트의 가장 첫 번째 질문이 "저희 매장 어떻게 알고 찾아오셨나요?"입니다. 차트에는 체크할 수 있는 난이 준비되어 있습니다.

☐ 네이버   ☐ 블로그   ☐ 구글   ☐ 인스타그램   ☐ 간판   ☐ 지인 소개

이런 식으로 나열되어 있습니다. 지나가다 간판을 보고 오신 고객은 간판을 체크, 지인 소개로 오신 분들은 지인 소개, 네이버를 검색해서 오신 분들

은 네이버. 이런 식으로 체크를 하게 되죠. 고객의 방문 경로가 중요한 이유는 고객들이 어떤 경로로 우리 매장에 찾아오는지 알아보기 위한 데이터이기 때문입니다. 이 데이터는 마케팅 도구로 사용할 수 있습니다. 예를 들어 고객이 가장 많이 사용하는 SNS가 인스타그램이라면 인스타그램에 좀더 집중해서 광고를 할 수 있겠죠.

독자 여러분은 어떤 마케팅을 하고 있나요? 경쟁이 치열한 마케팅 시장에서 살아남으려면 첫 번째, 매장의 색깔이 분명해야 합니다. 같은 종류의 네일숍이라도 매장의 색깔이 분명해야 고객이 우리 매장에 올 수 있습니다.

두 번째, 모든 포털사이트에서 내 매장이 검색될 수 있도록 해야 합니다. 구글에서 검색해도 우리 매장이 뜨고, 네이버에서 검색했을 때 우리 매장의 신뢰성이 보이도록, 인스타그램을 열면 우리 매장의 정보가 잘 정돈되어 있어야 합니다.

세 번째, 업종의 특성에 맞춰서 주력하는 마케팅 방법을 알아야 합니다. 예를 들어 노인을 위한 상품을 판매하는데 요즘 핫하다는 인스타그램에만 광고를 해 봤자 소용이 없습니다. 왜냐하면 인스타를 사용하는 사람들은 주로 젊은 사람, 그중에서도 여성이 많습니다. 노인이 인스타그램을 하는 경우는 상당히 드물죠. 그렇다면 노인들에게 어필할 수 있는 방법을 고민해 봐야 합니다. 노인들이 자주 가는 곳, 노인들이 자주 보는 곳, 접할 수 있는 곳 예를 들면 병원, 신문, 지역 TV 광고 또는 자녀들이 주로 사용할 법한 광고 채널들을 고려해 볼 수 있겠죠.

네 번째, 꾸준하게 실행하고 점검해야 합니다. 마케팅 한 번 했다고 해서 그 효과가 지속되지는 않습니다. 또한 이 마케팅 방법이 지금 우리 매장의 실정과 맞는지 점검해 보셔야 합니다. 그리고 고객들이 잘 유입되는지도 체크해 보고, 효과가 미비하다면 빠르게 대응해야 합니다.

다섯 번째, 마음에 호소하는 마케팅이 필요합니다. 요즘 뜨는 키워드인 '가심비'라는 단어 들어보셨죠. 예전에는 가성비를 따졌다면 지금은 가심비를 더 중요하게 생각합니다. 돈이 얼마가 들더라도 내 마음이 만족할 수 있는 상품이라면 고객은 지갑을 열 수 있습니다. 마음에 호소하는 마케팅이 무엇일지 고민해 보아야 합니다.

외부 마케팅과 더불어 내부 마케팅도 중요합니다. 내부 마케팅은 뒷장에서 자세하게 설명드릴 예정인데, 외부에서 매장을 선택해서 우리 매장을 찾아온다 하더라도 내부가 정비되어 있지 않거나, 만족도가 좋지 않으면 고객은 두 번 다시 방문하지 않을 것입니다. 외부·내부의 균형이 맞을 때 안정적으로 매장을 운영할 수 있습니다.

제가 운영하는 매장도 할 수 있는 모든 마케팅을 총동원하고 있습니다. 외부에서 검색할 수 있는 포털사이트에 정보 올리기, 매장의 홈페이지와 같은 역할을 하는 블로그 포스팅하기, 각종 SNS에 광고하기, 예약이나 문의를 원활하게 하는 채널 만들기 등을 운영하고 있습니다. 고객이 유입되면 매장의 매뉴얼대로 고객을 응대하고 관리할 수 있는 시스템이 준비되어 있습니다. 지속적인 관리를 통해 원활하게 운영하고 있습니다.

최소한의 마케팅 노하우

"요즘은 뭐가 핫해?"
"당연히 유튜브지."
"인스타, 틱톡 아니야?"

이런 대화들 많이 하시죠? 맞습니다. 요즘에 유튜브는 모든 사람이 보는 채널이고 인스타나 틱톡 같은 것에 동영상을 올리는 것 또한 굉장히 인기입니다.

"○○○이 뭐야? 그거 좀 검색해 봐!"라고 하면 여러분은 어떤 방법으로 검색하시나요?" 10대는 유튜브를 먼저 연다고 합니다. 20대는 인스타, 30~40대는 네이버, 남자는 구글 이런 식으로 연령대별·성별로 자기가 선호하는 채널이 있는데요. 오픈서베이, 소셜미디어, 검색포털 트렌드 리포트 2021에 따르면 한국 사람들이 가장 많이 사용하는 플랫폼이 〈네이버〉라고 합니다.

그중에서도 네이버 블로그는 중요한 마케팅 채널입니다. 고객들은 네이버 블로그를 통해서 유용한 정보를 얻고자 합니다. 나의 고객들은 어떤 정보를 원하는가 고민해야 합니다. 그중 네이버 블로그와 스마트 플레이스는 필수입니다.

네이버 스마트 플레이스란? 네이버 무료 업체 등록 서비스, 업체 정보 및 비즈니스 기능 관리 기능 제공, 업체 전화번호, 사진, 영업 시간, 메뉴, 예약,

리뷰, 결제를 연동시켜 통합적으로 보이는 채널입니다. 그래서 네이버 플레이스에 상위로 노출되는 게 굉장히 중요한데요. 상위에 노출되는 것은 돈을 준다고 할 수 있는 것도 아니고 유명한 매장이라고 해서 되는 건 아닙니다. 네이버에는 로직이라고 해서 프로그램적으로 네이버 상위에 올라가거나 하위로 내려가도록 하는 프로그램이 있습니다. 프로그램상 네이버를 많이 활용하는 업체들을 상위로 노출될 수 있도록 합니다.

그래서 블로그 작업이나 예약 시스템, 네이버 결제 시스템, 네이버 리뷰 등의 플랫폼을 활성화시키는 것이 중요합니다. 저희 매장은 여전히 몇 년째 네이버 블로그를 잘 활용하고 있는데요. 사람들이 요즘 블로그를 많이 볼까? 최근에는 유튜브나 인스타그램을 많이 보지 않을까? 생각하지만 실제로 자세하고 정확한 정보를 검색할 때는 블로그를 가장 많이 활용합니다. 유용한 정보나 리뷰에 대한 글이 많기 때문에 블로그에서 정보를 얻는 거죠.

요즘은 정보가 차고도 넘칩니다. 고객들은 한 가지만 보고는 결정하지 않습니다. 유튜브를 보다가 검색하고 싶은 정보가 있으면 네이버나 구글에서 검색합니다. 다시 매장 홈페이지나 블로그에 들어가서 글쓴이의 글 수준도 확인하고, 다른 사람이 쓴 리뷰 글도 읽어봅니다. 해당 매장의 인스타그램에 들어가서 얼마나 활성화되어 있는 매장인지 확인하고 나서야 전화번호를 누르게 됩니다. 다양한 채널에서 내 매장의 리뷰가 좋다면 고객의 신뢰는 당연히 쌓입니다.

네이버에서는 마케팅 관련 교육도 시켜주고 있습니다. 차근차근 따라하다 보면 능숙하게 매장 마케팅 관리를 하고 있는 자신을 발견하게 됩니다. 블로그, 인스타그램, 유튜브, 구글, 카카오 채널 등 할 수 있는 건 다 하시는 게 좋습니다. 여기를 클릭해도 저기를 클릭해도 우리 매장이 나올 수 있도록 하세요. 이렇게 하려면 꾸준한 공부가 필요합니다. 마알못(마케팅을 알지 못하는 사람)이라면 마케팅 전문가에게 교육을 받아보는 것도 추천합니다.

필자도 컴퓨터를 정말 잘 못 다룹니다. 21세기에 사업을 하면서 컴퓨터를 잘 못 다룬다는 것은 창피하게 느껴질 정도였고, 다양한 마케팅 없이는 내 매장을 알릴 길이 없다는 것을 깨달았습니다. 그래서 사업 초기부터 마케팅 교육을 해주는 강사에게 교육을 받는 것부터 시작했습니다.

교육을 받고 실제로 컴퓨터에 적용하다 보니 이제는 능숙하게 내 매장의 마케팅은 스스로 할 수 있는 정도의 수준이 되었습니다. '마케팅 대행 업체를 쓰면 되지 내가 힘들게 그걸 왜 해?'라고 생각한다면 큰 오산입니다. 내가 알고 있어야 어느 부분에 어떤 마케팅 툴을 포진시킬지 결정할 수 있고, 그렇게 적절한 마케팅툴을 포진시켜야 성공할 수 있습니다. 마케팅 대행은 매장을 운영하는 사람도 마케팅에 대해 잘 알고 있을 때 해도 늦지 않습니다. 마케팅 대행 사기도 넘쳐나기 때문에 내가 잘 알아야 사기 당하지 않고 잘 운영할 수 있습니다.

간단하게는 매장에서 발행한 영수증 리뷰나 예약 리뷰부터 시작해 보세요. 실제 방문 고객이나 구매 고객에게 리뷰 글을 쓰는 것도 부탁할 수 있습니다. 리뷰를 작성해 주는 고객에게는 보상해 드리는 방법도 있지요. 예를 들면 '네이버 리뷰 작성 시 10% 할인', '블로그 작성 시 할인 쿠폰 증정' 같은 방법입니다. 의외로 많은 분들이 참여해 주시고 효과도 좋답니다.

필자도 꾸준하게 블로그를 운영하고 있습니다. 매장에 대한 손·발톱 글이나 법인 사업 중인 페디에듀 협동조합에 대한 포스팅을 주로 합니다. 어느 마케팅 채널에서 검색해도 매장을 알릴 수 있도록 구글, 인스타그램이나 카카오 채널도 운영하고 있죠. 마케팅 방식은 시대에 따라, 또 트렌드에 따라 변화합니다. 성공적인 매장 운영을 위해서는 마케팅 분야도 끊임없이 관심을 갖고 시도해야 합니다. 여러분의 매장에 효과적인 마케팅 방법을 찾을 수 있을 겁니다.

❋

외부 마케팅만큼 중요한 내부 마케팅

"마케팅이란 생산자가 상품 또는 서비스를
소비자에게 유통하는 데 관련된 모든 체계적 경영 활동입니다."

출처 : 두산백과

앞장에서 마케팅의 중요성에 대해 언급했습니다. 그럼 반대로 내부에서 이루어져야 하는 마케팅에 대해 알아보겠습니다.

예전에 제주도에 여행을 간 적이 있습니다. 맛집이라고 추천받은 레스토랑에 예약을 하려고 번호를 눌렀습니다.

"혹시 거기 ○○○ 매장 맞나요? 예약하고 싶은데요."
"네. 네이버에서 예약해 주시면 됩니다."

바빠서 귀찮다는 듯 전화를 뚝 끊어버리는 겁니다. 몇 가지 더 궁금한 것이 있었는데 물어보지도 못하고 거절당한 느낌이었죠. 유명한 레스토랑이 고객 응대가 이 정도라니, 안 가봐도 그곳의 수준이 느껴졌습니다. 이런 통화를 하고 나니 입맛이 뚝 떨어져 결국 다른 곳에 가서 식사를 하였습니다.

SNS를 보다 보면 맛있어 보이는 음식들의 사진이 많습니다. 막상 찾아가면 내부에서 고객을 응대하는 태도를 보고 발길을 돌린 적도 많죠. 내부 마케팅에 실패한 사례라고 볼 수 있습니다.

　　내부 마케팅이란 직원들을 고객이라 생각하고 직원들과 매장 간의 적절한 의사소통과 마케팅을 유지하여 고객들에게 보다 더 나은 서비스를 제공하려는 활동입니다. 고객을 통일된 매뉴얼로 응대하여 만족을 이끌어내는 내부적인 기술이라고 볼 수 있는데요. 그렇기 때문에 전화 응대에서부터 사후 관리까지 탄탄하게 구성해야 합니다. 매장의 첫인상이 고객의 방문으로 이어지고, 이것이 재방문까지 만들어내는 중요한 포인트이기 때문입니다.

　　전화 응대부터 설명하겠습니다. 전화 응대에서 고객의 발걸음이 70% 정도 정해진다고 합니다. 전화 응대를 잘하는 것이 그만큼 중요한데요. 전화 응대를 잘하려면 발생할 수 있는 다양한 상황에 대비한 전화 응대 매뉴얼을 준비해야 합니다. 그리고 준비한 전화 응대 매뉴얼을 직원들과 다 함께 롤 플레이로 연습합니다. 특히 입사한 지 얼마 안 된 직원이라면 다양한 상황에 맞는 적절한 응대가 안 될 수도 있으므로 경력이 많은 직원이 맡는 것이 좋습니다.

　　예상 질문지를 작성해 보는 것도 좋습니다. 한 가지 질문에 최소 3가지 다른 대답을 예상하여 구성해 보는 것입니다. 고객이 이런저런 질문했을 때는 알아듣기 쉽고 빠르게, 정확한 답변을 할 수 있어야 합니다. 그리고 무엇보다도 고객이 원하는 것을 정확하게 파악하는 것이 중요합니다. 요즘 사람들은 다 바쁩니다. 전화를 통해 원하는 정보만 빠르게 받길 원합니다. 미괄식으로 길게 설명하기보다는 결론을 먼저 말하는 두괄식으로 요점만 간단하게 전달해 주는 것이 좋습니다.

　　고객이 매장의 문을 열고 들어올 때 인사 방법이나 태도, 매장 분위기, 응대 속도나 순서 및 방법, 매장 안에서 보내는 시간의 밀도, 퇴장 시 응대, 사후 관리까지 매뉴얼을 준비합니다. 홈페이지에서 본 아주 깨끗하고 멋진 이미지를 보고 기대하고 찾아왔지만 사진으로 보던 이미지는 온데간데없어서 더 실망한 경우 있으셨죠? SNS 사진을 보고 실력이 좋고 친절할 거라고 예상했지만 결과물도 기대 이하이고 기계적인 응대로 감흥이 없었던 경험, 결제할 때만 친절한 말투와 표정 등은 내부 마케팅에 실패한 사례라고 볼 수 있습니다. 고객이 경험하기 전에 기대치와 경험 후의 만족감이 일치할 때 내·외부 마케팅의 좋은 성과를 기대할 수 있습니다.

고객에게 '전문적이다!'라는 느낌을 주어 신뢰를 쌓는 것도 중요합니다. 맡은 분야에서 정확한 지식과 기술을 보유하는지에 따라 전문성이 달라집니다. 음식을 만드는 레스토랑이든, 물건을 판매하는 매장이든 전문성은 매장의 신뢰도를 높이는 데 크게 기여합니다. 전문적으로 보이기 위해서는 업종에 맞는 의복, 태도, 표정, 언행 등 전체적인 모습이 포함됩니다. 맡고 있는 분야에 대한 전문적인 지식도 갖춰야 하겠죠.

백화점의 명품 숍에서 보이는 전문성에 대해서 말씀드릴게요. 유명한 명품 매장을 방문했습니다. 직원들이 아무 옷이나 입고 있진 않죠. 검은 정장을 입고 있습니다. 머리는 단정하게 묶고 태도나 표정, 말투를 보았을 때 불친절하거나 거만한 태도는 볼 수 없습니다. 직원들은 매장에서 팔고 있는 명품 백이나 지갑을 만질 때 장갑을 착용합니다. 장갑을 끼는 것은 본인의 손에 의해서 가방이나 지갑이 손상되지 않게 하기 위한 것도 있지만, 고객에게 장갑을 낄 정도로 소중하고 값비싼 물건이라는 것을 인식시키기 위해서입니다.

한편 그들은 제품에 대한 지식까지도 갖춰져 있는 걸 볼 수 있는데요. 이 제품이 어떤 스토리를 가지고 만들어졌는지, 특장점은 무엇인지 고객에게 설명합니다. 설명을 들은 고객은 제품을 구매할 때 믿을 만하다는 확신과 함께 '가지고 싶다.'는 마음까지 들게 합니다. 이처럼 전문성은 고객의 신뢰를 얻어 매출을 일으키는 가장 중요한 요소입니다.

그렇다고 제가 명품 애용자는 아닙니다. 저는 평소에 매장을 방문하면 관찰하는 게 습관이 되어 있습니다. 우연히 들린 명품 숍의 시스템을 유심히 보게 된 거죠. 참 재미있고 새롭습니다. '왜 명품 숍은 불경기에도 호황인가?' 호황인 이유야 많겠지만 근무하는 직원들의 태도, 언행, 말투, 시스템 등 그들의 내부 마케팅도 큰 역할을 한다는 생각입니다. 필자의 매장에서도 그런 좋은 사례들을 적용하고 있습니다.

주기적으로 방문하는 미용실은 네일 숍과 시스템이 비슷하여 벤치마킹하기 적합한 곳입니다. 미용실에 가면 머리를 하며 멍하니 앉아 있지 않고 직원들이 어떻게 일하는지 운영 시스템을 지켜봅니다. 매장에 붙어 있는 문구, 고객에게 설명하는 마케팅 자료들을 유심히 관찰하죠. 예를 들어 '앉은 자리에서 고객님에게 네이버 리뷰를 적어주시면 즉시 5% 할인해 드립니다.' 이런 프로모션은 고객에게 할인을 해줄 수 있는 기쁨을 선사할 수도 있지만 우리 매장에 리뷰가 쌓이는 좋은 결과를 얻을 수 있기 때문입니다.

어느 곳을 가든지 잘 관찰하고 좋은 점을 찾아내어 여러분의 매장에 적용해 보세요. 또 좋지 못한 점을 발견했다면 그 부분들을 메모해 놨다가 직원들과 같이 이야기하면 직원 교육까지 이어지는 일석이조의 효과를 얻을 수 있습니다. 필자 역시도 좋았던 점과 나빴던 점을 직원들과 자주 이야기합니다. '우리는 이렇게 해보자! 저렇게는 하지 말자.'하면서 이것저것 많이 시도해 보지요. 매장 내부의 마케팅을 위해 좋은 것은 빨리 받아들이고 불필요한 것은 재빠르게 걷어냅니다. 고객을 매장에 오게 하는 것도 중요하지만, 한번 방문한 고객이 재방문하게 하는 내부 시스템이 더 중요합니다.

네이버 플레이스에는 꼭 등록하기

원하는 장소를 찾을 때 지도 검색을 많이 하시죠? 사람들이 가장 많이 사용하는 플랫폼에 업체 정보를 등록하는 것만큼 중요한 건 없습니다. 사람들이 주로 이용하는 플랫폼에서 내 매장이 검색되어야 고객이 찾을 확률이 높아집니다. 네이버에는 여러분이 운영하는 매장에 대한 정보를 알려주는 네이버 플레이스라는 기능이 있습니다. 위치 검색뿐만 아니라 매장에 대한 정보를 얻고, 구매까지 연결이 될 수 있도록 하는 시스템입니다.

네이버에서 검색을 했을 때 고객에게 내 매장이 노출돼야 합니다. 그중에서도 상위에 노출되는 것이 특히 중요합니다. 사람들은 하위까지 검색하는 것을 귀찮아 하기 때문에 클릭할 확률이 낮습니다. 주로 우선 순위에 위치하고 있는 매장을 신뢰하죠. 우선 순위에 있는 매장이 관리가 잘되고 사람들이 찾는 빈도수가 높아 네이버에서 상위에 노출시켜 주는 것이라는 믿음이 있기 때문입니다.

실제로 필자가 운영하는 매장도 네이버에서 첫 번째 페이지에 상위 노출되었을 때와 상위 노출되지 않았을 때 고객 유입량이 현저하게 차이가 나는 경험을 한 바 있습니다. 상위 노출되었을 때는 전화 문의가 쇄도하여 전화받는 것도 힘이 들 정도였습니다.

사람들의 일반적인 검색 순서는 이렇습니다. 검색창에 원하는 정보나 상호를 입력합니다. 모바일이나 PC 화면의 첫 페이지에 노출된 매장에 순서대로 들어가서 살펴봅니다. 원하는 정보를 가장 많이 담고 있거나, 이해하기 쉽게 작업해 놓은 매장 몇 군데를 추립니다. 추려진 매장 중에 블로그나 인스타그램이 연동되어 있다면 좀더 집중적으로 검색합니다. 최종 선택을 받은 매장으로 고객이 유입되는 원리입니다. 그래서 내 매장이 상위 노출되어야 고객의 유입 확률이 높아지므로 매우 중요합니다. 물론 상위에 노출되는 것이 쉽지는 않지만 안내해드린 대로 차근차근 따라하면 가능합니다.

자, 그럼 우선 내 매장의 정보를 네이버 플레이스에 등록하는 방법부터 알려드리겠습니다. 네이버 검색창에서 '네이버 스마트 플레이스'를 검색하면 https://smartplace.naver.com 스마트 플레이스 서비스 사이트로 안내해 줍니다.

네이버 스마트 플레이스에 등록하는 것은 매우 간단합니다. 처음 시도하는 사람도 따라할 수 있도록 매뉴얼이 잘 되어 있습니다. 안내창에 나오는 순서대로 빈 필드를 채워 주세요. 최대한 상세 정보를 많이 채워 주시는 것이 상위 노출에 영향을 주므로 중요합니다.

사업자등록증, 매장 사진, 연동시킬 블로그, 인스타그램 주소 등을 미리 준비해 놓으면 수월하게 작업할 수 있습니다. 네이버는 원하는 정보를 빈틈없이, 많이 채우는 것을 좋아합니다. 정성스럽게 정보를 잘 입력한 업체일수록 신뢰할 수 있다는 뜻이니까요. 신뢰할 수 있는 업체를 상단에 노출시켜 주지, 매장 정보나 사진도 없는 그런 업체를 상단에 노출시키지 않을 겁니다. 플레이스에 등록을 잘 마쳤다면 이제 상위에 노출시키는 방법을 알려드리겠습니다.

아래에 제시한 여러 가지 조건에 맞춰 등록되어있는지 확인해 보세요. 이런 조건들이 정답은 아니지만, 상위에 노출될 확률이 높습니다. 내가 등록한 업체가 상위에 노출돼야 마케팅 효과를 톡톡히 낼 수 있습니다.

✔ 첫째, 양질의 플레이스 정보를 제공했는가?(상세 정보 꼼꼼히 빈 칸 채우기)

✔ 둘째, 네이버에서 제공하고 있는 서비스를 잘 이용했는가?(예약, 톡톡, 리뷰, 스마트콜 등)

✔ 셋째, 사람들이 상세 정보에 얼마나 자주, 오래 머물러 있는가?(조회수)

✔ 넷째, 방치하지 않고 정기적으로 업데이트하고 있는가?

✔ 다섯째, 한쪽으로 치우치지 않도록 밸런스가 잘 지켜지고 있는가?

✔ 여섯째, 예약 리뷰, 영수증 리뷰, 블로그 리뷰가 많을수록

처음부터 모든 조건에 부합되도록 구성하는 것은 쉽지 않지만 차근차근 채워 나간다면 여러분의 매장이 상위에 노출되는 기쁨을 느끼실 겁니다.

※

네이버 블로그 마케팅

네이버 플레이스에 내 업체를 등록하는 것을 완료하였다면, 그 다음으로 중요한 것이 블로그 마케팅입니다. 앞장에서도 언급했지만 블로그는 내 매장을 알리고 브랜딩을 위해서도 필요합니다. 여전히 콘텐츠 마케팅에 꽤 많은 영향을 주는 매체이기도 하고요. 아무것도 하지 않으면 아무 일도 일어나지 않는다는 말 기억하시죠? 다양한 콘텐츠 마케팅을 통해 고객에게 "우리 매장 여기 있어요~!"라고 알려야 찾아옵니다. 또한 고객이 알았다 하더라도 구매로 연결되려면 내 선택이 타당하다는 믿음을 주어야 합니다. 그 역할을 블로그가 합니다.

필자도 매장을 오픈하면서부터 블로그 글쓰기를 꾸준하게 해오고 있습니다. 블로그 글쓰기를 꾸준하게 해온 이유는 블로그가 홈페이지의 역할도 하지만, 고객에게 지속적으로 좋은 정보를 전달하고 소통하기 위해서입니다. 그래서 매장의 시스템과 콘텐츠를 잘 정비해 놓은 양질의 글과 사진으로 채우려고 노력합니다. 효과가 있었냐고요? 물론입니다. 고객들은 여러 매장을 검색하고 최종적으로 블로그까지 잘 정비되어 있는 곳을 선택하게 됩니다. 블로그를 확인하고 온 고객은 이미 절반 정도의 신뢰를 가지고 방문한 고객이기 때문에 응대에 어려움도 덜하고 매출까지 자연스레 이어지게 됩니다.

뷰티업은 말 그대로 사람을 아름답고 건강하게 가꾸는 산업입니다. 가장 시각적으로 잘 드러나고 개인적인 만족도가 중요시되는 사업입니다. 고객은 헤어/피부/네일과 같은 분야의 뷰티 매장에 필요에 따라 주기적으로 방문을 합니다. 업의 특성상 처음 방문한 매장의 만족도가 높다면 고정 고객이 될 확률이 높습니다. 그러므로 고객이 매장을 방문하게 하는 것이 중요합니다.

내 매장의 매력을 어필하기 위한 가장 좋은 방법은 첫째, 네이버 플레이스에 상위노출 시키기, 둘째, 고객의 눈길을 끌고 신뢰도를 높이는 블로그를 잘 정비하여 역시 상위 노출시키기 입니다. 블로그는 글과 사진·영상이 중심이 되는 마케팅입니다. 뷰티 살롱을 운영할 때 블로그는 마케팅의 중심 역할을 합니다.

반면 자신의 블로그를 잘 정비해 놓지 않고서 마케팅 업체에 블로그 리뷰만 의뢰한 매장은 오히려 낭패를 볼 수 있습니다. 요즘 고객들은 돈을 받고 쓴 글인지, 진짜로 경험한 후기를 쓴 글인지 대번에 알아보기 때문입니다. 블로그 리뷰 글은 굉장히 좋아 보였으나 막상 매장의 블로그는 관리가 엉망이라 실망하여 구매하지 않는 경우도 생깁니다. 그러므로 마케팅을 전문으로 해주는 광고 회사에 의뢰하더라도 내 매장의 블로그는 당연히 제대로 관리해야 합니다.

그럼 이제 블로그 개설하는 방법을 소개해 드리겠습니다. 네이버 스마트 플레이스와 마찬가지로 블로그는 개설하는 방법이 어렵지 않습니다. 네이버의 안내대로 차근차근 채워 나가면 됩니다.

우선 뷰티 살롱을 운영하시는 분들에 맞춰 예시를 들어보겠습니다.

✔ 블로그 명(고객이 알아보기 쉽게 상호가 들어가면 좋습니다.)

✔ 프로필 사진(로고나 매장 사진이 좋겠죠?)

✔ 별명(블로그상에서 불리게 될 이름인데, 친숙하게 매장의 정체성이 느껴지는 것이면 좋습니다.)

✔ 소개 글(내 매장의 색깔이 잘 드러나도록 짧고 간단, 명료하게)

✔ 카테고리 만들기(가장 알리고 싶은 내용을 상단에 배치하도록)

혼자서도 충분히 만들 수 있도록 알기 쉽게 안내되어 있지만, 처음이라 어려우신 분들은 잘 정비되어 있는 블로그를 벤치마킹하는 것도 좋습니다. 또한 블로그스킨을 홈페이지 형태로 디자인해 주는 업체도 있으니 전문가의 손을 빌려 작업할 수도 있습니다.

블로그가 다 만들어졌다면 다음에 할일이 있습니다. 그것은 내 콘텐츠를 많은 사람에게 알리는 일입니다. 사람들이 주로 검색하는 키워드를 사용하여 상위에 노출되도록 공략하는 방법입니다. 키워드 마케팅이라고 하는데, 사람들이 많이 사용하는 단어, 키워드를 알아야 합니다. 양질의 글을 쓰는 것이 우선이지만 내 글이 상위에 노출되어야 많은 사람에게 보여질 수 있다는 것을 절대로 잊지 마세요.

예를 들어 검색하는 사람이 발 관리를 해주는 매장을 찾고 있다고 칩시다. 발 관리를 해주는 매장을 검색할 때 검색창에 어떤 단어를 입력할까요? 아마도 원하는 지역+원하는 상품(원하는 정보)을 함께 입력할 겁니다. '동탄 발 관리', '동탄 무좀 발톱' 이런 식으로 말이죠. 그래야 내가 원하는 지역에 원하는 상품을 근접한 순으로 노출시켜 주겠죠.

필자의 매장은 발 관리를 하는 매장입니다. 고객이 발 관리를 많이 받으러 오게 하고 싶습니다. 그러면 필자의 블로그가 상위에 노출돼야 합니다. 블로그를 상위에 노출시키려면 검색하는 사람이 많이 사용하는 키워드를 살려 블로그 글과 제목에 넣어야 합니다. 이처럼 키워드는 고객과 매장을 연결해 주는 연결 고리와 같은 역할을 하므로 중요합니다.

블로그가 상위 노출되는 조건에 대해서 말씀드리겠습니다. 아래의 조건들은 일반적으로 상위 노출되는 블로그 글들의 공통점을 정리한 것입니다.

✔ 제목에 사용한 키워드가 본문에 들어가야 합니다.

✔ 포스팅한 글과 사진이 양질이어야 합니다.

✔ 사람들이 글을 얼마나 많이 클릭했는지도 중요합니다.

✔ 클릭한 사람들이 글에서 오래 머물러야 합니다. 읽지도 않고 바로 나온다면 순위는 당연히 떨어질 겁니다.

✔ 좋아요나 댓글이 많이 달릴수록 사람들이 공감하는 글이고, 스크랩도 많이 이뤄질수록 인기 글이라는 뜻입니다.

✔ 네이버는 신뢰를 판단하기 위해 서로 이웃 추가나 방문자 수, 포스팅 활동 결과를 확인하여 블로그 지수를 매깁니다.

신규 매장이라면 고객에게 많이 알려지는 것이 중요하기 때문에 블로그는 꼭 하시길 바랍니다. 고객 유입을 위한 메인 채널로서의 역할을 충분히 할 것입니다.

*

카카오톡 채널

요즘 뷰티 살롱은 1인 매장이 많습니다. 이런 경우 혼자서 고객 응대/시술/상담까지 많은 역할을 소화해 내야 하는데요. 특히 고객과의 커뮤니케이션이 가장 많은 시간이 소요되는 부분입니다.

'누가 상담만 대신해 줘도 좋겠다.' 싶으신 적 있으시죠? 간단하고 반복적인 질문에 답하는 것을 대신해 줄 수 있는 도구가 있습니다. 바로 카카오톡 채널입니다. 뿐만 아니라 소통 창구로 이용할 수도 있습니다. 예전에는 '카카오 플러스 친구'로 불렸었죠.

대한민국의 많은 사람들이 카카오톡을 사용하고 있다는 것 알고 계실 겁니다. 카카오톡 이외에도 다양한 서비스를 제공하고 있는데, 특히 고객 관리가 필요한 사업주들에게 도움이 되는 여러 가지 기능들이 있습니다.

장점은 다음과 같습니다.

첫째, 사업주에게도 퇴근 시간이 있습니다. 시도 때도 없이 문자가 온다면 피로도가 쌓이겠죠? 상담할 수 있는 시간을 직접 정할 수 있습니다.

둘째, 비용을 들이지 않고도 비즈니스 홈을 만들 수 있습니다. 수신에 동의한 고객들에게 다양한 정보를 제공할 수 있습니다.

셋째, 단체 메시지, 쿠폰(유료) 등을 일괄적으로 보낼 수 있기 때문에 업무의 효율성이 높아집니다.

자, 그럼 이제부터 알아두면 편리한 카카오톡 채널의 5가지 기능을 소개해 드릴게요.

① 1:1 개인별 채팅

응대 가능 시간을 정할 수 있으며, 개별적으로 고객을 응대할 수 있습니다. 이때 고객이 먼저 채널을 추가하고 채팅 메세지를 보내야 가능합니다. 사진이나 동영상 전송이 용이하여 고객 관리할 때 편리하게 활용할 수 있습니다.

② 자동 응답 메세지

고객들이 자주 하는 질문이 있습니다. 답변도 공통되는 경우가 대부분이고요. 채팅방 입력창 하단에 공통된 답변을 미리 준비해 놓을 수 있습니다(10개까지). 링크도 연결 가능하고, 소개하고 싶은 내용을 메시지에 넣어 놓으면 마케팅 효과가 상승합니다. 뷰티 살롱에서는 예약에 대한 질문이 많으므로 사

자동응답 메시지			
채팅방 메뉴 선택 시 자동으로 전송될 메시지를 관리할 수 있습니다.			
자동응답 메시지 등록 후 채팅방 메뉴 설정 화면에서 해당 메시지를 불러올 수 있습니다.			
전체 2개			＋신규 등록
최대 20개까지 등록 가능합니다.			
수정일시(등록일시)	사용자 발화 ⓘ	내용	상태 ⓘ
2023.01.30 22:25 (2018.04.02 17:49)	예약신청 및 예약금 안내	감사합니다.고객님~ 노쇼방지를 위해 예약금...	연결됨
2021.12.19 15:02 (2019.02.03 15:58)	가격공지	네일포유 가격공지 시술명 내성발톱 케어 35,0...	연결됨
선택 삭제			

전 안내용으로 활용하면 좋습니다.

③ 채널 포스트

블로그에 포스팅하듯이 채널에서도 글을 쓸 수 있습니다. 간단하게는 매장 정보, 소식을 전달하는 용도에서부터 사진, 동영상, 링크 모두 활용할 수 있습니다. 예약 기능도 있어 원하는 시간에 자동 포스팅할 수도 있습니다. 저는 신제품이나 신메뉴 등 고객들에게 소개할 만한 것들이 있으면 포스트를 활용합니다. 블로그에서 작성한 글로 연결될 수 있도록 링크를 걸어 놓기도 하고요.

네일포유 8월의 이벤트!

안녕하세요~
동탄 NO1.네일포유입니다!

더운 날씨에 지치고 힘드시죠~
네일포유에서 손,발관리로 건강챙기시기 바랍니다!

늘 정성을 다하겠습니다!
감사합니다 🙏

좋아요 0 댓글 1 공유 0

4 채널 링크(URL) 활용하기

카카오톡과는 다르게 URL과 QR코드가 생성되는 장점 덕분에 다른 채널

에서 홍보할 때 유용하게 사용 가능합니다. 저는 블로그 포스팅하거나 지역 카페에 홍보 글을 올릴 때 항상 채널 URL을 연결시킵니다. 그래야 글을 보다가 채널로 이동하여 예약으로 이어지기 쉽도록 유도할 수 있지요. 잠재 고객을 내 채널로 유인하여 채널을 추가를 하도록 노력해야 내 매장을 알릴 기회가 더 많아집니다.

5 유료 메세지

한 달에 한 번 필자가 꼭 사용하는 기능입니다. 매달 이벤트를 만들고, 이를 공지하거나 단체 메세지를 보낼 때 유용하게 쓰입니다. 사진이나 동영상을 첨부할 수도 있어 전달하고 싶은 내용을 효과적으로 어필할 수 있습니다. 블로그나 인스타 채널로 연결되는 버튼 만들기도 있어 블로그나 인스타로 고객 유입을 유도할 수 있습니다. 유료 메시지이기는 하지만, 필자는 효과를 톡톡히 보고 있답니다. 업종에 맞게 메시지의 형태도 고를 수 있어 선택의 폭이 넓은 것도 장점입니다.

이외에도 다양한 기능이 많이 포함되어 있고, 점진적으로 더 나은 서비스를 위해 새로운 기능들을 만들어내고 있어 매장 운영에 많은 도움이 됩니다.

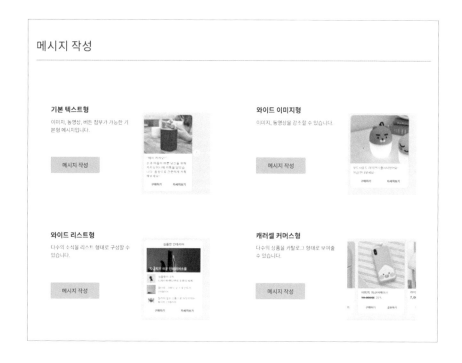

인스타그램

인스타그램은 메타에서 운영하고 있는 이미지 중심의 소셜 네트워크 서비스입니다. 요즘 인스타그램 핫하죠? 사업하는 사람들은 물론이고 많은 사람들이 인스타그램을 활용하고 있습니다. 인스타그램에서 뜨면 사업 대박난다는 소리가 나올 정도니까요. 필자도 매장의 마케팅 때문에 시작했는데, 인스타그램에서 정보도 얻고 물건도 자주 구매합니다.

인스타그램이 마케팅에 어떻게 도움이 되는지 알아보겠습니다.

인스타그램은 이미지 중심이기 때문에 사진이나 동영상을 꼭 첨부해야 합니다. 헤어, 네일, 피부 등의 뷰티 산업은 머리에서 발끝까지 아름답고 건강하게 가꿔주는 뷰티 서비스업입니다. 따라서 시각적으로 보여지는 것이 매우 중요하죠.

인스타그램에 업로드되는 사진이나 동영상 덕분에 뷰티 살롱의 마케팅 효과가 클 수밖에 없습니다. 인스타그램 초기에는 이용자가 젊은 여성 위주였으나 현재는 남녀노소 많이 이용하고 있습니다. 특히 10~20대가 많이 사용하는 SNS 중에 하나지요.

다른 채널과 마찬가지로 인스타그램도 우선 계정을 만들어야 합니다. 계정을 만든 후 사진이나 동영상을 이용하여 피드를 올리는 것은 어렵지 않습니다. 중요한 것은 팔로워를 늘려가는 과정인데요. 인스타그램을 본격적으로 시작하기 전 '누구와 소통하며, 나 또는 내 매장을 알릴 것인가?', '내 정체성을 드러내기 위해 어떤 콘텐츠를 채울 것이가?'를 고민해야 합니다. 이런 일관성 있는 콘셉트가 나와 내 매장을 브랜딩하는 데 도움이 되고, 공감을 불러 일으켜 팔로워를 늘려갈 수 있습니다.

팔로워를 늘리려면 인스타그램 피드도 노출이 잘 되는 것이 중요한데요. 내가 올리고 싶은 것을 마구잡이로 올리는 것보다 사람들이 좋아할 만한 피드가 무엇일지 고민해 보아야 합니다. 정보를 주거나 재미있는 것처럼 유익하고 도움이 될만한 것이라면 효과적으로 타겟을 넓힐 수 있습니다. 홍보 콘텐츠만 올리면 오히려 사람들의 관심을 끌기 어려울 수 있습니다. 홍보와 관련 있는 일상 피드도 적절히 올려주는 것이 좋습니다.

특히 필자는 인스타그램의 유료 마케팅 서비스인 게시물 홍보하기를 자주 이용합니다. 타겟을 정확히 정해서 내 피드를 많이 노출시키는 방법입니다. 지역, 연령, 관심사 등에 따라 타겟팅 옵션을 정할 수 있습니다. 광고 기간도 설정할 수 있고, 타겟팅 범위도 정할 수 있습니다. 내가 정한 타겟은 인스타그램 피드를 보는 동안 내가 만든 게시물을 자연스레 보게 됩니다. 내 상품을 구매하거나 내 프로필로 유인하는 좋은 마케팅 방법이지요.

게시물 홍보 기간이 끝나면 광고 인사이트 수치를 확인할 수 있습니다. 인

사이트 통계를 바탕으로 마케팅의 방향도 정할 수 있지요. 뷰티 살롱을 계획 중이거나 운영 중이신 독자라면 인스타그램 채널을 추천합니다.

　이외에도 많은 마케팅 채널이 있지만 블로그, 카카오톡 채널, 인스타그램. 이 세 가지는 꼭 밸런스를 있게 이용하길 권합니다. 인스타그램을 이용하여 잠재 고객을 확보하고, 블로그에서는 고객의 신뢰를 쌓는 콘텐츠 마케팅을 지속적으로 어필합니다. 마지막 카카오톡 채널은 고객 관리를 위한 도구로 충분히 활용할 수 있습니다.

유튜브 채널

 요즘 유튜브 모르시는 분들 없으시죠? 유튜브는 전 세계 최대 규모의 영상 플랫폼입니다. 유투브를 구독, 검색 목적으로 이용하는 사람들 정말 많습니다. 예전에는 10~20대가 주 이용층이었다면, 현재는 남녀노소 이용하는 채널이 되었습니다. 그만큼 재미있고, 좋은 정보를 가지고 있다는 뜻인데요. 이용하는 사람들이 늘어날수록 홍보 효과는 높아지게 됩니다. 그렇다면 '나도 유튜버가 돼야 하느냐? 유튜브에 콘텐츠를 올려서 꼭 마케팅해야 하느냐?' 궁금하실 겁니다.

잠재적으로 내 매장을 알리는 목적으로는 유튜브 마케팅이 훌륭한 수단인 것은 맞습니다. 요즘 같은 시대에는 영상이 대세죠. 하지만 유튜브를 시작하기 전 꼭 생각해 보셔야 할 부분이 있습니다. 그것은 유튜브 콘텐츠를 제작하는 데 들이는 시간과 노력 대비 성과입니다. 많은 시간과 노력을 쏟아부어야 합니다. 유튜브 광고로 인한 수익을 낼 목적이라면 쉽지 않습니다.

뷰티업 특성상 내 매장 근방에 살고 있는 사람들이 주 고객층이기 때문에 뷰티 살롱을 찾기 위해 유튜브를 활용하는 일은 드뭅니다. 하지만 블로그나 인스타그램을 통해 유입된 잠재 고객에게 브랜딩하기 위한 목적으로 하는 작업은 많은 도움이 됩니다. 헤어디자이너 중에 손상된 머리카락 복원으로 유명해진 유튜버가 있습니다. 많은 사람들이 손상된 머리카락을 복원하는 과정이나 방법에 관심을 보였고, 고객으로 연결되는 사례를 보여주었습니다. 이 유튜버는 정확한 콘텐츠로 퍼스널 브랜딩에 성공한 사례입니다.

유튜브 영상 제작은 에너지가 워낙 많이 소요되는 작업이라 필자는 적극적으로 활용하지 못합니다. 하지만 유튜브 숏 폼이라는 기능은 활용하고 있습니다. 숏 폼은 1분 이내의 짧은 영상 형태로 긴 영상보다 편집도 수월하고 업로드도 어렵지 않습니다. 관리하는 모습을 담은 짧은 영상이나 매장의 모습을 담아 노출시키고 있습니다. 이렇게 유튜브에 업로드한 영상이 있다면 네이버 키워드 검색 시 동영상에 노출되는 효과도 있습니다. 여러 플랫폼에서 사진보다는 영상을 더 노출시켜 주는 추세여서 홍보 내용을 영상으로 만들었을 때 노출이 더 잘 됩니다.

유튜브 콘텐츠는 블로그나 인스타그램과 달리 오래 간다는 장점이 있습니다. 블로그의 글은 시간이 지나면 상위 노출에서 밀려나고 인스타그램 피드는 일부러 찾아내야 다시 볼 수 있습니다. 하지만 양질의 유튜브 콘텐츠는 시간이 지나도 여전히 노출시켜 줍니다. 오히려 노출이 많아질수록 조회 수나 구독이 늘어가는 방식이죠. 콘텐츠가 오래 간다는 뜻입니다. 작업하기가 어려워서 그렇지 잘 만들어놓은 유튜브 콘텐츠는 오랜 기간 여러분의 매장을 꾸준히 알리는 마케터 역할을 한답니다.

유튜브 공부를 집중적으로 하실 분들은 유튜브 제작 방법을 자세히 설명하고 있는 전문 책자나 영상을 참고하면 도움을 받을 수 있습니다.

네이버 카페

지역마다 활성화되어 있는 네이버 카페가 있습니다. 특히 그 지역을 대표하는 맘 카페는 거의 한 개씩은 있습니다. 맘 카페다 보니 그 지역에 사는 여자들만 가입할 수 있는 특징이 있습니다. 개설 초기에는 대부분 엄마들 끼리의 정보 공유가 대부분이었지만 사람이 모이면 모일수록 영향력이 대단 해집니다. 이런 이유로 지역 맘 카페를 잘 이용하면 성공적인 마케팅을 할 수 있지만, 반대로는 위험 부담도 있습니다. 맘 카페에서 위력은 한 매장을 망하게도, 흥하게도 할 수 있을 정도니까요.

맘 카페 가입자는 미혼자도 있지만, 대부분이 기혼자이기 때문에 가족 구성원에서 친척, 친구까지 잠재 고객의 수가 늘어납니다. 지역 중심으로 이루어진 맘 카페의 마케팅 효과는 업종에 따라 다를 수 있지만, 뷰티 관련 업종에서는 매우 효과가 좋은 편입니다. 주 타겟층이 그 지역에 사는 지역주민이고 특성상 많은 사람들의 관심을 받는 뷰티 업이기 때문입니다.

운영 방식은 카페마다 다를 수 있습니다. 매주 무료로 홍보할 수 있는 글을 올릴 수 있는 카테고리가 있기도 하고, 제휴 업체 협약을 유료로 맺을 수도 있습니다. 맘 카페 카테고리를 대여하는 댓가로 매월 비용을 지불하는 방법도 있지요. 유료로 마케팅할 때는 대략 5~30만 원까지 비용이 발생한다고 보시면 됩니다.

필자가 가입해 놓은 지역 맘 카페는 일주일에 하루 정해진 시간에 무료로 홍보할 수 있는 카테고리가 오픈됩니다. 그래서 매주 이 시간이 되면 홍보 글을 작성하여 업데이트합니다. 효과가 있는지가 궁금하시죠? 네~ 있습니다. 카페를 통해 유입되는 고객이 꾸준합니다. 스쳐지나 듯 본 광고 글이라도 고객의 인식 속에 필자의 매장이 자리잡게 하는 효과도 있습니다. 물론 홍보 효과는 지역마다 또 업체마다 다를 수 있으므로 기간을 정해 놓고 시도해 보길 바랍니다.

당근마켓

"당근~ 당근~" 당근마켓 많이 들어보셨죠? 당신의 근처에 있는 마켓이라는 줄임말입니다. 당근마켓은 주로 지역 기반 중고 거래를 하는 플랫폼입니다. 하지만 요즘은 진화하고 있습니다. 다양한 서비스 판매와 홍보 영역으로 확장해 가고 있죠.

당근마켓에는 내 매장을 무료로 홍보할 수 있고, 저렴한 비용으로 광고도 집행할 수 있는 기능이 있습니다. 뷰티 살롱은 대부분 오프라인 매장이므로 당근마켓처럼 지역을 기반으로 하는 플랫폼에는 꼭 홍보하시기 바랍니다. 지역 소상공인에게는 굉장히 효용성 있는 마케팅이 될 수 있습니다.

블로그나 인스타그램과 차이점은 지속적으로 콘텐츠를 올리지 않아도 된다는 것이 장점입니다. 추가적으로 해야 할 일은 알림으로 온 댓글에 답변해 주는 정도입니다. 시간과 노력 대비 광고 효과도 좋으니 안 할 이유가 없죠. 게다가 광고 콘텐츠에 추가적으로 광고 비용을 지불하는 광고 만들기가 있습니다. 저렴한 비용으로 정확한 타겟 마케팅을 할 수 있어 고객에게 노출될 확률

이 높습니다.

　당근마켓에서 광고 노출을 시켜 지속적으로 관심 받으려면 신뢰가 바탕이 되어야 합니다. 이럴 때 잘 만들어 놓은 블로그가 내 고객으로 만드는 데 효자 역할을 할 겁니다. 반드시 블로그로 연결되어 유입될 수 있도록 하셔야 합니다.

　당근마켓에 내 매장을 등록하는 일이 어렵지 않습니다. 앱 하단의 메뉴에서 동네 홍보를 선택하여 안내에 따라 빈칸과 사진을 채워 주시면 됩니다. 홍보 글쓰기 등록이 완료되면 '광고 만들기'라는 유료 광고에도 도전해 보세요.

매뉴얼 만드는 방법

매뉴얼은 우리 매장의 사용 설명서라고 볼 수 있습니다. 매장에서 이루어지는 일을 체계적으로 정리하고, 기준을 세워 놓으면 능률이 오르고 효과적으로 처리할 수 있습니다.

매뉴얼 만들기는 매장 운영에서 매우 중요한 만큼 자세히 설명하겠습니다.

매뉴얼은 왜 필요한가

최근 촬영할 일이 많아서 짐벌이라는 이동 촬영 도구를 구매했습니다. 이동하면서 휴대폰으로 촬영해도 영상이 흔들리지 않게 도와주는 도구입니다. 처음 사용하는 제품이지만 제품을 빨리 사용해 보고 싶은 마음에 설명서는 들춰보지도 않았습니다. 짐벌을 상자에서 꺼내 보니 헤드 부분을 들어 올리면 될 거 같았습니다. 하지만 망가지고 말았습니다. 옆으로 돌려서 들어 올려야 하는데, 힘으로 들어 올리니 헤드 부분이 부러지는 참사가 일어난 겁니다. 급한 마음을 가라앉히고 사용 설명서부터 읽었더라면 하고 후회가 밀려드는 순간이었습니다.

이처럼 제품을 구매하면 제품을 잘 사용할 수 있도록 안내해 주는 사용 설명서가 들어 있습니다. 설명서대로 조립하여 작동시키며, 주의할 점 등을 알아야 합니다.

그런데 제품 사용 설명서가 들어 있지 않다면 어떻게 될까요? 사용 방법, 조립 순서, 주의할 점은 무엇인지 전혀 알지 못해 당황하게 될 겁니다. 심지어 주의할 점이나 사용 방법을 알지 못하면 망가뜨리거나 더 이상 사용하지 못하는 일들이 속출할 것입니다.

매장 업무 매뉴얼은 매장의 사용 설명서입니다. 업무 매뉴얼은 매장에 근무하는 직원들이 고객을 잘 응대하고 좋은 서비스를 제공하기 위해 필요합니다. 매뉴얼을 바탕으로 체계적·합리적으로 효율성 있게 일하도록 기준을 정해 놓는 것입니다. 일하는 사람에게 매뉴얼이 없다는 것은 일의 방식이나 과정, 결과의 기준이 없다는 뜻이기도 합니다. 기준이 없다면 무슨 일을 어떻게 해야 할지 몰라 우왕좌왕하게 되죠. 여러 사람이 같은 일을 해도 결과물이 달라 생기는 문제들이 발생할 수 있습니다.

저희 매장에서도 매뉴얼이 없었을 때가 있었습니다. 초기에 신입 직원이 입사할 때마다 청소, 전화 응대, 고객 관리 등에 관하여 자세하게 설명해야 했습니다. 반복되는 부분을 설명해 주다 보면 시간이 늘 부족했고, 설명하느라 목도 아팠습니다. 같은 내용을 여러 번 반복해 줘야 하니까요. 한 번 알려 준 것들을 계속 잘 지켜 나간다면 문제가 없겠지만, 기준이나 규칙이 없다 보니 점점 나태해지거나 결과물에 대한 책임감도 없어집니다.

매뉴얼이 없다면 청소같은 사소한 업무에서도 문제가 발생합니다. '다른 직원이 하겠지'하며 서로 상대방한테 미루다 보니 내부적인 갈등도 생깁니다. 책임감 없이 하는 일의 결과물들로 피해를 보는 것은 결국 고객들입니다. 뷰티 살롱은 특히 위생이 생명입니다. 위생적이지 못한 매장은 인식이 나빠지고, 신뢰도가 떨어지게 됩니다.

네일 포유는 청소에 대한 매뉴얼이 정해져 있습니다. 기본적으로 어느 부분을, 언제까지, 어떻게 청소해야 되는지 기준이 정해져 있습니다. 청소를 하는 방식과 구역 등은 직원들끼리 정하도록 자율권을 주었습니다. 자율권에 대한 결과는 책임이 따르게 됩니다. 결과가 좋지 못하면 다 같이 시정해 보고 좀 더 효율적인 방법을 모색합니다. 확인하는 방법 중에 체크 리스트도 있습니다. 청소 구역을 나누고, 청소를 해야 하는 세부 항목을 적습니다. 누가 어디를 어떻게 작업했는지 체크하면 차후에 피드백할 수 있고, 이후 개선할 점도 찾아볼 수 있습니다.

매뉴얼은 비단 청소 업무에만 사용되는 것이 아닙니다. 이런 경우도 있었습니다. 직원들의 가족이나 지인들이 할인을 바라고 매장을 방문하는 경우가 있습니다. 얼마를 어떻게 할인해 줘야 할지 난감할 때가 있었죠. 이런 일을 예상하지 못해 할인율을 정해 놓지 않은 경우입니다. 고객과 매장 운영에 지장을 주지 않는 한 절충된 방법이 필요합니다. 예를 들면 가족은 ○○%, 친구나 지인은 ○○% 이런 식으로 정할 수 있습니다. 미리 할인율을 정해 놓았기 때문에 서로 미안하거나 불편해할 필요가 없겠지요.

요즘 젊은 사람들을 MZ세대라고 하죠. MZ세대는 1981~2010년생(밀레니얼 M세대와 Z세대를 의미)을 지칭합니다. 직장에는 MZ 세대뿐만 아니라 다양한 세대가 모여 있습니다. 사고 방식이나 가치관이 다른 사람들이 모여서 일하기 때문에 다양한 갈등에 직면하기도 합니다. 이런 갈등을 예방하거나 해결하기 위하여 애티튜드(attitude)에 대한 매뉴얼도 준비되어 있습니다. 기본적인 태도에 대한 기준을 마련해 놓고 기준을 넘지 않도록 일을 하다 보니 감정이 상할 일도 줄어듭니다.

예를 들면 이런 항목이죠.

✔ 세상에 당연한 것은 없다. 서로 간의 작은 일도 감사의 인사를 전하고, 사과의 말을 건넨다.

✔ 같이 성장할 수 있도록 부족한 부분은 이끌어주고, 함께 도와주도록 하자.

✔ 서로를 사랑할 필요는 없다. 그러나 서로 존중하고 일에 감정을 담지 말자.

✔ 불평을 하려면 대안도 함께 제시하라.

오랜 시간 같이 일하다 보면 타성에 젖어 기본적인 예의나 태도를 간과하기도 합니다. 그럴 때마다 다시 마음가짐을 가다듬고 상대방을 배려하는 태도에 대해 다시 생각할 수 있는 글귀를 매뉴얼에 포함시키는 것도 좋은 방법이겠죠. 이처럼 다양한 부분에서 매뉴얼이 필요하게 됩니다.

매뉴얼에 대해서 더 깊이 있게 알아보도록 하겠습니다.

우리 매장의 문제점을 찾아라

매장에서 일 처리가 원활하지 않아 답답하셨던 적이 있으신가요? 어떤 부분의 일이 잘 이루어지지 않는다고 생각하시나요? 머릿속으로 정리가 잘 안 된다면 떠오르는 생각을 글로 적어 보면 문제점이 보입니다. 가장 흔하게 생기는 문제는 매장 관리 부분입니다. 그런데 매장 관리는 환경적인 부분이고 사람이 주로 관리해야 하기 때문에 직원 관리와 직결되어 있습니다.

다른 매장에 방문할 때면 매장의 출입구나 전면 유리를 닦지 않아 뿌옇게 더러운 상태를 목격하곤 합니다. 영업을 하는 곳이 맞나 싶어 들어가기가 꺼려집니다. 역시나 그런 매장에 들어가 보면 내부도 청결하지 않습니다. 덜 닦인 테이블, 머리카락이 떨어진 의자 등 청결하지 않은 모습을 보면 이곳의 음식이 위생적이고 맛있을까 하는 의심부터 들지요. 음식을 먹어 보기도 전에 선입견이 생긴 겁니다.

사람이 많이 오가는 매장을 운영하다 보면 사람 손이 타는 곳은 쉽게 더러워지기 마련입니다. 보통은 출입구나 진열대, 전면 유리 같은 곳에 손때가 묻겠지요. 매장의 전면 유리와 출입구는 매장의 얼굴과도 같습니다. 그렇기 때문에 유리나 진열장 같은 곳은 수시로 닦아 고객에게 늘 청결하고 정돈된 이미지를 주는 것이 중요합니다.

〈깨진 유리창의 법칙〉이라는 말 들어보셨죠. 작은 문제를 간과하거나 무시하다가 기업의 생존까지 위협할 수 있다는 이론입니다. 지나가다가 가로수 밑에 쌓인 쓰레기 보신 적 있으신가요? 처음부터 쓰레기가 쌓여 있던 것이 아닙니다. 양심 없는 누군가 집에서 나온 쓰레기를 버린 거에서 시작합니다. 나도 버려도 되겠지, 또 다른 누군가는 마시던 테이크 아웃 커피잔을 슬며시 놓고 갑니다. 애초에 깨끗한 상태라면 아무도 그곳에 쓰레기를 버리지 않았을 겁니다. 깨진 유리창이 더 큰 문제를 만들기 전에 바로 해결하는 것이 중요합니다.

다른 예를 들어보겠습니다. 매장에서 제품이나 물품 등을 취급하실 텐데요. 입고와 출고, 내수로 사용되는 제품에 대한 관리를 철저히 하고 있으신가요? 매장에서 많은 양의 제품을 관리할 때 선입 선출이 되지 않아 생기는 손해, 낭비, 분실, 도난의 문제들이 발생합니다.

필자의 매장에서 발생했던 일들입니다. 제품을 구입하기 위해서 많은 돈을 투자하게 되는데, 관리가 되지 않아 돈이 줄줄 샌다면 어떻겠습니까? 안될 일이겠죠. 관리가 안 되고 있는 상황이라면 제품을 낭비해도 아무도 모를 겁니다. 낭비하는 사람을 보면 또 다른 사람들이 거리낌 없이 낭비할 것이고, 훔쳐가는 누군가를 보고 자기 주머니에 넣고 있겠죠.

매장에서 제품을 관리할 때 가장 우선시해야 할 사항을 정리해 보세요. 음식을 취급하는 곳이라면 신선도 있는 재료이고, 뷰티 살롱이라면 유통 기한이 있는 화장품류의 제품들입니다. 입고 및 출고 기록은 정말 중요합니다. 귀찮아도 꼭 해야 합니다. 제품이 입고되었을 때 담당자는 날짜와 수량을 확인하고 기입합니다. 판매되거나 내수로 사용했을 때도 마찬가지로 담당자가 날짜와 수량, 해당 제품을 기입합니다. 매월 또는 매주 매장 상황에 맞게 날을 정해 재고를 조사하고 관리하여 차질 없이 이뤄지고 있는지 확인하는 것이 재고 관리 업무입니다. 이러한 일련의 과정들이 직원들이 해야 할 업무에 포함되도록 매뉴얼을 만들어야 합니다.

마찬가지로 고객을 관리하는 일, 매장 내부를 관리하는 일, 교육이나 마케팅 모든 부분이 포함됩니다. '깨진 유리창' 즉, 우리 매장의 문제점이 무엇인지 머리로만 생각하는 것보다는 적어보는 것이 좋습니다. 글로 적으면서 시각화될 때 더 잘 찾을 수 있고 해결 방법도 더 많이 발견할 수 있습니다.

우리 매장에서 잘 이루어지고 있는 것과 어려운 점이나 잘 안 되고 있는 점을 나눠서 적어보도록 합니다. 직원들의 관점에서 새로운 의견도 같이 들어보도록 합니다. 활용도 높은 매뉴얼을 만들기 위해서는 우리 매장의 문제점을 자세하게 파악하는 것이 중요합니다.

💡 우리 매장의 문제점 찾기 체크리스트(예)

칭찬할 점 / 잘 이루어지고 있는 점	어려운 점 / 잘 이루어지지 않은 점
☐ 물품의 입·출고 처리가 잘 되고 있다. ☐ 분업이 잘 되고 있다. ☐ 쉬는 시간을 잘 활용하고 있다. ☐ 고객 방문 후에 테이블 정리가 완벽하다. ☐ 업무 변동에 대한 소통이 원활하다. ☐ 서로 배려하고 도와주는 것이 생활화되어 있다.	☐ 전달 사항을 공유하기 힘들다. ☐ 업무를 미루는 특정인으로 피해를 보고 있다. ☐ 물품 입고 처리가 잘 이루어지지 않아 재고 정리가 안 된다. ☐ 고객에 대한 메모를 적어 놓지 않아 인수·인계 업무가 원활하지 않다. ☐ 퇴근 시 마지막 점검을 안 해 누전으로 인한 화재 위험이 있다. ☐ 재활용품이 늘 쌓여 있어 지저분해 보인다.

✳

매뉴얼이 세분화되면 매장 디테일은 살아난다

업종에 따라 매장에서 해야 할 업무가 다양하게 많습니다. 성공적인 매장 운영을 위해서는 작은 부분도 소홀할 수 없습니다. 디테일한 작은 부분까지도 놓치지 않고 관리하여야 다른 매장과 차별화될 수 있습니다. 성공하는 매장이 되기 위해서는 아주 작은 부분까지도 신경써야 합니다. 디테일의 힘은 강력하죠.

왕중추의《디테일의 힘》이라는 책의 핵심을 요약한 내용의 일부입니다.

쌀집 점원으로 일하던 왕융칭(王永慶)은 16세 때 자신의 가게를 열었다. 그곳에는 이미 30여 개의 쌀가게가 있어서 살아남기가 버거웠다. 고전하던 그는 쌀의 품질과 서비스를 높이는 방법을 찾아 나섰다. 그때만 해도 추수한 벼를 길에서 말렸기 때문에 잔돌이 섞여 밥할 때마다 쌀을 일어 돌을 골라야 했다. 그는 동생들을 동원해 돌을 골라낸 뒤 팔았다. 이 차별화 전략은 멋지게 성공했다. 곧 배달 서비스를 시작한 그는 집집마다 쌀독 크기와 식구 수를 파악했다가 쌀이 떨어질 때쯤 미리 갖다 줬다. 특히 쌀독에 남은 쌀을 다 퍼낸 뒤 새 쌀을 붓고 그 위에 남은 쌀을 부어 줬다. 묵은쌀의 변질을 막기 위한 것이었다. 이처럼 작고 섬세한 배려 덕분에 그는 대만 제일의 갑부가 됐다.

《디테일의 힘》(왕중추 저)

'큰 나라를 다스리는 것은 작은 물고기를 요리하듯 해야 한다.'라는 노자의 말이 있습니다. 사업을 할 때 작은 부분도 섬세하게 신경써야 한다는 뜻인데요. 디테일이 살아 있는 매장을 만드는 것은 굉장히 중요합니다. 많은 사업주들이 작은 부분을 간과하여 문제가 생깁니다. 고객을 놓치고 직원들과 갈등이 생기기도 하지요. 반대로 아주 작은 부분까지도 신경쓰면 고객 만족을 넘어 감동하게 되죠. 이는 재방문과 충성 고객으로 이어지는 좋은 결과를 나타냅니다.

효율적인 업무를 위하여 분류와 세분화가 필요합니다. 업무를 분류할 때는 시간대별/업무 특성별/직원별 등으로 나눕니다. 분류 후에는 항목별로 더 세분화시킬 수 있습니다. 세분화시킨 매뉴얼은 꼼꼼하게 관리되어야 하죠. 현재 잘 진행되고 있는지/ 진행이 힘들다면 그 이유가 무엇인지/ 보완 내지 수정할 부분은 없는지 등을 주기적으로 체크해야 합니다.

필자의 매장에서 현재 사용하고 있는 고객 응대 시나리오(매뉴얼의 한 부분)를 소개합니다.

신규 고객일 경우 반드시 해야 하는 질문

 손 상태 확인

* 혹시 문제가 있는지, 손톱 두께는 어떤지 상태를 체크한다.
* 체크한 상황에서 이상 소견이 있다면 본인이 설명하고, 본인이 설명이나 조언해 줄 수 없다면 원장님이나 경력 선생님에게 도움을 요청한다.

손톱 모양이나 아트에 대한 대화

* 어떤 손톱 모양 좋아하세요?(고객이 하고 싶은 모양이 명확하다면 그대로, 잘 모르겠다면 손톱 모양을 간단하게 설명)

* "일반적으로는 둥근 형태가 생활하시기 편합니다. 세련돼 보이는 모양은 둥근 사각 형태입니다. 타원 형태는 손가락과 손톱이 길어 보이는 효과가 있습니다. 한 가지 손톱 모양을 오래 지속하시는 것보다 다양한 형태의 손톱 모양을 주기적으로 변경하시는 것이 좋습니다. 예를 들어 타원 손톱 모양을 너무 오래 지속하면 손톱 사이드에 굳은살이 더 많이 생길 수 있습니다."

 컬러 초이스나 아트 초이스는 항상 적극적으로 임한다.

* 고르고 선택하는 것을 어려워하는 고객님들이 대부분이다. 우리에게는 쉬운 일이지만 한 달에 한 번 제일 맘에 드는 네일 컬러를 고르는 일은 스트레스로 다가올 수 있다. 전문가인 우리는 손님 피부색과 평소 취향을 고려하여 최선의 서비스를 제공해야 할 의무가 있다. 고객의 입장에서 한번 생각해 보는 배려심을 발휘해 보자.

고객의 니즈를 세심하게 관찰하고 그에 맞는 서비스를 제공할 수 있어야 합니다. 고객이 생각하지도 못한 작은 부분까지 신경쓴 매장에 대한 만족도는 높은 게 당연합니다. 작은 부분까지도 놓치지 않는 매장 시스템이 정착된다면 어떤 어려움이 닥쳐도 흔들리지 않는 매장이 될 겁니다.

매뉴얼이 세분화되어 있으면 고객 컴플레인을 예방할 수도 있습니다. 매뉴얼을 만들 때 컴플레인이 생길 여지가 없도록 구성해야 합니다. 뷰티 살롱에서 흔히 생길 수 있는 컴플레인은 고객에게 반드시 고지해야 하는 추가적인 설명을 간과하였을 때 주로 일어납니다. 이런 일은 교육과 훈련을 통해 예방할 수 있습니다. 혹시 발생하더라도 원활하게 대처할 수 있도록 구성해야 하죠.

수없이 많은 커피숍, 치킨 집, 네일 숍…. 차별화가 없는 매장은 살아남을 수 없습니다. 어떤 차별화로 고객이 스스로 찾아오도록 만들건가요? 대체 불가능한 독보적인 매장으로 살아남는 법! 디테일하고 체계적인 매뉴얼의 수립이 답입니다. 필자는 매뉴얼을 세분화하여 만들고, 구체화시켜 실행하는 것을 잘하는 사람입니다.

매장 매뉴얼 만들기 팁을 알려 드릴게요.

시간대별로 구성할 때 가장 쉬운 방법은 출근하는 시점부터 퇴근할 때까지의 동선을 생각해 보는 겁니다. 현재 하고 있는 일을 나열해서 적으면 잘 이루어지고 있는 일과 잘 이루어지지 않는 일이 구분됩니다. 일련의 과정을 자세하게 적어보세요. 필자 매장의 매뉴얼을 공유해 보겠습니다.

〈출근 시 해야 하는 일〉은 15~20분에서 내에 해야 하는 일입니다.

〈업무 중 매장 관리〉는 말 그대로 업무 중간중간에 하는 일입니다. 업무 중간중간에도 매장의 컨디션을 챙긴다거나 처리해야 하는 일을 매뉴얼로 정리해 놓은 것이지요. 매장의 중요한 일이나 잘 실행되지 않는 점을 매뉴얼로 작성해 놓으면 잘 이루어지는 효과를 볼 수 있습니다.

매장 관리 중 디테일한 부분을 몇 가지 더 알려드리겠습니다. 고객이 매장

출근 시 해야 하는 일

✔ 점등/블라인드 올리기/프로그램 켜기/출근 등록

✔ 착신 풀기/카톡, 플러스 친구, 네이버 예약 확인하기

✔ 유니폼 착용/앞치마 착용/헤어, 메이크업 점검

✔ 소독해 놓은 도구 정리/습포 만들기/온풍기나 에어컨 켜기

✔ 오늘 예약자 확인/예약 메모 확인/관리 계획 세우기

✔ 관리 5분 전에는 모든 준비가 완료되어 있어야 한다.

업무 중 매장 관리

✔ 의자는 항상 넣어 두고, 앞치마를 걸어두지 않는다.

✔ 재활용은 겉으로 보이지 않도록 통이 차면 버린다.

✔ 진열장과 전면 유리 내부 거울은 매주 목요일 오전에 닦아주어 청결함을 유지한다.

✔ 대청소는 월 1회 / 제품 진열장과 제품은 매주 화요일 오전에 닦는다.

✔ 시술 테이블에는 더스트와 큐티클 조각이 남아 있지 않도록 매번 관리 후 닦아낸다.

✔ 시술 후 정리는 본인이 하는 것이 우선이나 도와줄 수 있으면 함께 정리해 준다.

✔ 컬러는 사용 후 정리 시 병 주변을 닦아서 보관한다.

✔ 룸도 매장의 일부이므로 이불 정리나 웨건 정리가 안 되어 있을 경우 정리한다.

✔ 제품 택배가 오면 누구라도 개봉하여 물품 확인 후 제품 등록한다.

✔ 제품 등록 후 반드시 보고한다.

✔ 누구라도 커피, 티가 부족할 때는 채워놓고, 컵 설거지도 한다.

✔ 매장 컨디션은 항상 최상으로, 바닥에 떨어진 것이 없나 확인한다.

에 입장했을 때 분위기가 좋고 편안한 느낌을 가질 수 있으면 좋겠죠? 그러려면 첫 번째로는 밝은 목소리와 미소로 인사하는 것입니다. 두 번째는 잘 정돈된 내부의 컨디션입니다. 물건들이 어지럽혀져 있거나 청결하지 않은 매장은 고객의 신뢰를 얻을 수 없습니다. 세 번째는 고객이 원하는 바를 얻었을 때 만족감을 느끼게 하는 것입니다. 이 세 가지가 충족되면 고객은 만족감을 느끼고 좋은 평가를 합니다.

고객 응대는 어떨까요? 사람을 직접 대면하여 응대할 때는 얼굴, 표정, 눈빛, 제스처까지도 고객에게 보여져 오해가 생길 만한 일이 잘 발생하지 않습니다. 그러나 전화상으로는 얼굴이 보이지 않는 상태에서 목소리로만 전달이 되기 때문에 오해가 생길 수 있습니다. 그래서 말투나 목소리 톤, 응대 멘트가 중요합니다.

전화보다 더 중요한 것은 문자로 응대할 때입니다. 오해가 생길 수 있을 법한 언행은 문자로 남기지 않습니다. 전화로 빠르게 응대하는 것이 더 효과적입니다. 또한 고객이 자주하는 질문은 간결하게 정리하여 텍스트를 '복사'하기로 저장하여 답변할 때 '붙여넣기' 방법을 이용하면 편리합니다.

이런 작은 디테일이 다른 매장과 다른 점입니다. 어떤 문의에도 친절하게 응대하는 것, 고객의 마음을 먼저 헤아리는 것, 고객의 입장에서 생각하는 것이 디테일이겠지요.

매뉴얼은 함께 만든다

"매장에 매뉴얼이 준비되어 있는데 잘 지켜지지 않습니다. 무엇이 문제일까요?"

이런 질문을 종종 받습니다. 매뉴얼이 만들어져 있다고 해서 직원들이 다 잘 지킬 거라고 생각하면 큰 오산입니다. 내 눈앞에서는 지키는 것 같아도 사실 사장이 없을 때에는 지켜지지 않는 경우도 상당히 많습니다. 그럴 때마다 만들어 놓은 매뉴얼이 무용지물이 된 것 같아서 허탈하시죠? 또는 지키지 않는 직원들을 보면 원망스러울 때도 있으시죠?

자, 이제 왜 지켜지지 않았나 점검할 때가 되었습니다. 지금의 매뉴얼이 너무 복잡한 건 아닌지, 업무량이 과도한 건 아닌지, 이해가 정확히 된 것인지 체크해 보는 것이 좋습니다. 매뉴얼에 대한 이해가 충분하지 않으면 잘 지켜지지 않습니다. 필요성도 못 느끼고요. 매뉴얼 수행의 필요성을 충분히 인지했을 때 직원들이 스스로 지키게 됩니다. 스스로 이해되지 않은 상태에서 상사의 지시로 억지로 실행한다면 효과나 성과가 현저히 낮을 수밖에 없습니다. 그렇기 때문에 직원들의 충분한 이해가 필요합니다.

그렇다면 직원들을 이해시키고, 자발성을 가지고 실행할 수 있게 하는 방법은 무엇일까요? 필자의 매장에서는 신입 직원이 입사했을 때마다 매뉴얼 교육을 실시합니다. 이때 매뉴얼이란 무엇인가/ 매뉴얼의 중요성/ 매뉴얼 시간대별·업무별 분류하기/ 효율적인 업무를 위해 우리가 해야 할 일이라는 주제를 가지고 분기별로 교육을 실시합니다. 매뉴얼 교육 시 기존 직원들도 함께 참여하여 다시 한번 상기하는 시간을 갖습니다. 또한 기존 직원들의 피드백을 통해 수정·보완해야 할 점을 찾는 시간을 갖습니다.

효율적이지 않은 매뉴얼이라고 판단되면 과감하게 삭제해야 하고 수정해야 합니다. 다시 한번 매뉴얼의 목적을 되돌아봐야 하죠. 지금 우리한테 꼭 필요한 것이 무엇인지도 체크해 봐야 됩니다. 매뉴얼이 지켜졌을 때 우리가 얻게 되는 것이 무엇인지 이야기해 봐야겠죠.

'매뉴얼 교육에 시간과 정성을 너무 많이 쏟는 거 아니냐?'라는 질문도 받습니다. 하지만 성공적인 매장으로 운영하기 위해서는 초석을 잘 다져야 합니다. 매뉴얼은 그중 한 가지 방법으로 활용할 수 있으며, 모두가 한 뜻으로 일해야 멀리 갈 수 있습니다. 매뉴얼이 기업의 시스템이 되려면 날짜, 시간, 업무의 범위 등을 직원들과 조율하여 자연스럽게 인식할 수 있도록 도와주어야 합니다.

간단하게는 점심 시간을 정하는 것부터 시작할 수 있습니다. 점심 시간은 직원들에게 굉장히 소중한 시간입니다. 필자의 매장과 같은 뷰티 살롱에서는 특성상 점심 시간이 일정하기 어렵습니다. 예약 시간이 다르기 때문에 일반적인 회사처럼 12시부터 1시처럼 정하지 못합니다. 그래서 저희는 오후 12시에서 2시 사이 중에 점심 한 시간을 잡습니다. 가이드라인 안에서 직원들이 점심 시간을 정하고, 시간을 충분히 사용했을 때 불만이 없어졌죠.

회사나 매장에서 업무 일지를 작성하는 경우 있으시죠? 업무 일지란 회사에서 맡은 일이나 처리한 내용을 적은 기록을 뜻합니다. 저희 매장은 주로 고객 관리, 매출 관리, 교육, 매장의 일정 등을 기록합니다. 매장 운영에 기록은 필수이기 때문에 일지 작성은 매뉴얼에 포함되어 있습니다.

예전에 컴플레인으로 애먹었던 적이 있었습니다. 저희는 고객의 손 관리를 할 때 사전에 손을 확인하고 손에 이상 징후뿐만 아니라 고객의 컨디션 상태도 체크하여 기록합니다. 매우 간단한 관리를 해드렸죠. 그런데 열흘쯤 뒤에 손 전체에 알레르기가 생겼다며 피해 보상을 요구했습니다. 알레르기는 여러 원인으로 생길 수 있습니다. 특히 면역력이 떨어져 있거나, 피부에 이상 증상을 보일만한 화학 제품을 사용했거나, 햇볕 알레르기가 있을 경우 발생하기도 합니다.

하지만 관리 당시의 기록을 살펴보면 '최근 과중한 업무로 피로함을 호소하심/ 젤 램프 사용 시 간지럽다고 하심/ 햇볕 알레르기가 있을 수 있으니 병원에서 진단받기를 권함'이라고 적혀 있었습니다. 세세하게 적어 놓은 일지 덕분에 고객님의 오해도 풀고 잘 마무리할 수 있었죠.

일지 작성은 매장 업무를 시작할 때 계획의 목적으로 작성하면 효과가 좋습니다. 하루 일정과 고객의 정보를 확인하기 때문에 실수를 확실히 줄일 수 있습니다. 업무 마감 때는 고객 메모나 매출을 기록하여 하루를 뒤돌아보는 시간을 갖습니다. 일지는 한 달에 두 번 정도 확인하며, 잘한 내용은 칭찬을, 부족한 점이나 힘든 점은 피드백을 합니다. 매뉴얼을 통해 대체적으로 공평하게 업무를 분담하고, 해당 연차에 맞는 업무를 맡습니다. 이는 불만을 최소화시키고 일에 대한 재미와 비전을 찾는 데 도움을 줍니다.

특히 서로 간의 매너나 애티튜드에 대한 부분을 신경씁니다. 예를 들면 선임이 후임을 교육하는 것도 당연한 일이 아닙니다. 선임의 노하우를 얻고, 교육에 힘쓴 것에 대한 노고에 감사하는 마음을 가져야 합니다. 세상에 당연한 것이 없습니다. 마음을 표현하는 것에 서툰 요즘 사람들이지만, 미안한 일이 생기면 사과의 말을 건네며 같이 성장할 수 있도록 독려합니다. 선임들은 후임의 부족한 부분을 이끌어주고, 후임들은 선임들을 도와줍니다. 서로에 대한 매너나 태도가 정중할수록 관계가 좋습니다.

필자 매장의 매뉴얼 엿보기

신입 선생님 교육

💜 신입 선생님에게 차근차근 일러주세요. 메모할 수 있도록 도와주세요.

- ☐ 1. 제품 / 물품의 위치 안내
- ☐ 2. 간단한 행동 지침(ex. 자리를 비울 때, 고객 입장 시 인사 방법, 퇴장 시 인사 방법, 음료 대접하는 방법, 음료 서비스 시 응대하는 말, 옷이나 소지품·신발 보관방법)
- ☐ 3. 시술 서포트 요령

💜 미리 세팅해야 할 것들(ex. 원장님 예약 내역 확인 후 재료 세팅, 속눈썹 베드 세팅 등)

💜 아트 재료 챙기는 방법(ex. 선생님들 아트 재료 등)

💜 중간 확인해야 하는 것들(ex. 습포, 알코올이나 음료 칸 채우기, 솜 자르기, 와이퍼 자르기, 파일 세팅 등)

- ☐ 4. 청소하는 방법(ex. 미리미리 해 놓으면 좋은 것들 알려주기)
- ☐ 5. 전화 착신 거는 방법 / 푸는 방법
- ☐ 6. 카드 결제하는 방법 / 취소하는 방법 / 현금 영수증 발행 방법
- ☐ 7. 카톡, 카카오플러스친구 예약 확인 방법 / 예약 문자 보내는 예절 / 답장하는 예절 / 마무리 인사
- ☐ 8. 전화 응대 / 예약 판 보는 방법 / 예약 잡는 요령 / 네이버 예약 확인 방법
- ☐ 9. 음악 켜는 방법 / 출·퇴근 프로그램에 찍는 방법
- ☐ 10. 메뉴, 가격, 설명 외우도록
- ☐ 11. 출근 시 해야 할 일 / 퇴근 전 마무리 해야 할 일

고객 관리

✔ 밝은 목소리와 미소로 인사하며 맞이한다.

✔ 고객이 입장과 퇴장 시에는 관리 중이 아닐 경우 반드시 일어나서 인사한다. 앉아서 하는 인사는 고객에 대한 예의가 아니다.

✔ (관리한 사람이 우선) 가능한 사람이 퇴장 시 문을 열어드린다.

✔ 비 오는 날은 먼저 나가 우산을 펼쳐준다.

✔ 누구라도 고객의 의복이나 가방을 정리하고 차를 대접한다.

✔ 누구라도 컬러, 아트 초이스 시 도와주고, 점판 시 팀워크를 발휘한다.

✔ 고객에게 'NO'라는 단어는 쓰지 않는다. 긍정의 언어를 사용하고, 예약이 되지 않아 돌아갈 때는 반드시 명함을 드린다.

✔ 관리 전 고객의 정보를 파악하고, 관리 후 고객의 시술 내용, 특이 사항 등을 반드시 메모한다.

✔ 상세 내역서 작성/ 회원권 등록 약관에 대한 설명/ 사인을 반드시 하고 사본 한 장 드린다.

Part 2

철학이 브랜드를 만든다

BRANDING

→ IDENTITY
→ LOGO
→ DESIGN
→ STRATEGY
→ MARKETING

...

철학과 비전이 있어야 멀리 간다

사업에 대한 근본적인 철학이 없다면 그 사업은 성공할 수도 없고 멀리 갈 수도 없을 겁니다. 필자는 어떻게 철학을 정립하고, 비전을 수립했는지 말씀 드리겠습니다.

🔅 필자의 철학(소신과 원칙)

예전에는 '이것이 나의 가치관이야'라고 내세울 만한 것이 없었습니다. 하루하루 성실하게 사는 것이 잘 사는 것이라고 생각했습니다. 직장을 다니면서 직원으로 살 때는 '맡은 일만 잘하면 되지, 남에게 피해만 안 주면 된다'는 생각으로 살았었죠. 그땐 그게 다인 줄 알았습니다.

그러던 제가 매장을 운영하면서 사업 철학이라는 것이 생겼습니다. 어떤 일을 결정하고 해결할 때 마음속의 기준이나 가치관이 없으니 어떻게 해야 할지 몰라 막막하고 답답했습니다. 사람을 고용하고 고객을 응대하여 돈을 버는 것은 생각보다 훨씬 더 힘든 일이었죠.

20년이나 같은 일을 했으니 사업을 시작하면 탄탄대로, 금세 부자가 될 거 같았습니다. 하지만 막상 시작해 보니 절대 만만하지 않았습니다. 제 자신이 아무것도 모르고 사업에 뛰어든 철부지에 바보 같았습니다. 사장이 되어 매장에 직원을 채용할 때는 직원의 가정을 책임져야 한다는 막중한 무게도 실렸습니다. 고객에게 돈을 받는다는 것 또한 실수가 용납되지 않는 책임감이 따르는 일이었습니다. 사업을 하기 전까지는 전혀 알지 못하던 일이었습니다.

나라에 세금을 정확히 납부해야 하고, 세입자로서 임대인에게 임대료를 기한에 맞춰 보내야 하며, 거래처와의 신뢰도 지켜나가야 했지요. 이 모든 일들이 사람과 사람의 관계 속에서 일어나는 일이었습니다. 수없이 많은 실수를 저지르고, 어리석은 결정을 하고, 손해를 보기도 하는 과정에서 어느새 성장하고 있었습니다. 마음속에 '기준'이라는 길이 생기고, 매장을 운영하는 데 필요한 철학이 생긴 겁니다. 점진적으로 일을 결정하고 처리하는 것이 조금씩 쉬워졌습니다.

시간이 지나 필자의 마음속에 생긴 기준은 '사람을 우선으로 생각한다.'입니다. 약속과 신뢰를 목숨처럼 여깁니다. 귀는 활짝 열되 불필요한 말은 줄입니다. 실수는 용납하되 반복되면 안 됩니다. 최고의 방법을 고민하여 최선을 다합니다. 무엇보다 직원이 성장할 수 있도록 돕습니다. 직원이 성장하는 것이 회사가 성장하는 길이라는 것을 이제는 압니다.

이 기준들이 모여 소신과 철학이 되었습니다. 소신과 철학이 없이는 사업을 성공적으로 이끄는 것이 무척이나 힘든 일이라는 것을 깨달았습니다. 그래서 매장을 운영하고 있는 여러분에게 전하고 싶습니다. 평소에 가지고 있는 생각을 정리하여 사업에 녹여 내시길 바랍니다. 선한 영향력을 줄 수 있는 철학을 가지시길 바랍니다. 지금 당장 여러분에게 득이 되지 않는다 느껴지더라도 이 세상에 살고 있는 누군가에게는 전달될 것이라고 믿습니다.

　이 책을 읽고 있는 여러분이 사업주라면 철학이 담긴 행동과 모습을 직원들에게 보여주세요. 말로도 전해 주세요. 지속적으로 전달이 될 때 직원들도 그 철학 안에서 일하게 됩니다. 비록 작은 힘이겠지만 매장의 직원들과 그 가족들에게 선한 영향력을 줄 수 있다면 잔잔한 호수에 물결이 일듯이 퍼질 것입니다.

직원 채용 시 인성부터 본다

직원을 채용할 때 인성을 가장 중요시해야 한다는 것은 누구나 다 알고 있습니다. 경력, 능력, 학력, 외모 등이 출중해도 기본적인 인성이 부족하다면 매장에 좋지 않은 영향을 미칠 수 있으므로 신중하게 생각하셔야 됩니다. 좋은 직원이란 착한 사람을 뜻하는 게 아닙니다. 우리 매장과 잘 맞고 같은 곳을 바라보며 오래 일할 수 있는 사람입니다. 1시간 정도의 짧다면 짧은 면접시간 동안 우리 매장과 잘 맞는 직원을 가려내야 하기 때문에 면접도 공부가 필요합니다. 어떤 질문을 해야 상대방에게 원하는 대답을 얻을 수 있을지 미리 준비해야 성공적인 채용을 할 수 있습니다.

필자의 매장에서는 직원 채용 시 신중을 기하기 위해 1차로 서류 심사 후에 2차 대면 면접을 진행합니다. 대면 면접 전에 전화로 가볍게 인터뷰를 하기도 합니다. 전화도 없이 이력서만 문자로 보내는 사람도 있고, 전화를 걸어 "지금 구인을 하시나요?"하고, 아주 예의 바르게 물어보는 사람들도 있습니다. 문자 예절이나 통화 매너, 대화 내용 등을 살펴보면 그 사람의 태도나 인성을 가늠할 수 있고, 우리 매장과의 궁합이 판가름나기도 합니다.

서류 심사 시에는 '얼마나 정성껏 작성했는가'를 가장 중요하게 생각합니다. 실력이나 경력을 드러내는 글보다도 이곳에 꼭 취직하고 싶다는 간절한 마음이 담긴 서류들을 보냈을 때 면접으로 이어집니다. 일은 실력으로 하는 것이 아니라 마음으로 하는 것이라고 생각합니다. 그런 저희의 방향성과 맞는 사람이라면 반드시 채용해야겠지요.

기본 예절이나 태도가 바르다면 면접에서 채용까지 이어지게 됩니다. 반대로 좋은 인상을 받지 못했다면 채용까지 연결되지 않습니다. 내 매장과 회사에 필요한 직원 채용은 아주 중요한 일입니다. 그것은 회사의 사활이 걸린 것과 같습니다. 필자도 많은 직원들을 채용을 해봤는데요. 우리 매장과 맞지 않는 사람을 채용한 경우 매장 시스템 전체가 흔들리거나 조직 문화가 오염될 수도 있습니다. 좋은 태도를 가지지 못한 직원을 채용했을 때 짧은 시간 안에 변하는 것을 경험했습니다.

한 가지 주의해야 할 점은 급한 채용입니다. 퇴사하는 사람이 있더라도 매장에 큰 영향이 미치지 않도록 항상 인원을 0.5명 정도 여유 있게 확보하고 있어야 합니다. 당장 일할 직원이 없어서 급하게 채용하면 매장과 맞지 않는 직원을 채용하게 될 확률이 높아지지요. 급한 채용으로 인한 리스크를 줄이려면 매장에 맞는 인재상을 정립해 놓는 것이 중요합니다. 실제 대면 면접을 통하여 매장의 인재상과 잘 맞는지 알아봐야 합니다.

필자 매장의 인재상은 아래와 같습니다.

- ✔ 긍정적이고 예의 바른 인재
- ✔ 기본을 지키는 인재
- ✔ 고민하고 집중하는 인재
- ✔ 도전하는 인재

　이와 반대로 작은 약속도 지키지 못하고, 정해진 일을 제대로 완료하지 못한다든지, 매사 부정적이라면 함께하기 어렵겠죠. 실제로 주어진 일을 대충하거나, 시간만 때우려고 하는 직원도 간혹 있습니다. 노력하지 않고 얻으려고 한다거나, 시도하지 않고 쉽게 얻으려는 것도 볼 수 있습니다.

　작은 일이라고 사소한 일로 치부해 버리고 성실하지 않은 직원들은 오래가지 못했습니다. 매장에서 저희는 한 달에 한 번씩 재고 조사를 실시합니다. 재고 조사를 할 때 수납장 안쪽 깊숙이 있는 제품을 체크하지 않는 직원도 있었습니다. "재고 조사를 왜 안 했습니까?", "꺼내기 힘들어서 안 했어요.", "정확한 재고 조사를 위해서는 번거로움도 수고스러움도 감수해야 합니다. 그것이 해야 할 업무를 정확히 이행하는 것입니다." 이렇게 자신의 업무를 성실히 이행하지 않는 것을 대수롭지 않게 여기는 직원도 있었습니다. 특히 사장 눈앞에서는 열심히 하고, 예의 바른 척·성실한 척하고, 사장이 없을 때는 180도 다른 모습인 경우도 있었죠. 직원들 사이에서도 말을 되게 거칠게 한다든지, 배려 없는 행동을 하는 사람도 있습니다.

　그렇지만 세상에는 좋은 직원들이 더 많습니다. 5년 동안 저와 손·발을 맞춰 일한 저희 매장의 부원장은 어린 나이에 입사하였습니다. 젊음의 풋풋함이 있었고, 선한 심성을 가진 사람입니다. 미용 서비스 업을 하면서 겪는 초보의 서러움, 성장을 통한 뿌듯함 등 여러 우여곡절을 통해 부원장으로 성장하였습니다. 이런 성장 과정에는 성실함이 바탕이 되었습니다. 성실함과 더불어 본인의 가치관을 만들어 나아가는 모습이 인상적이었죠. 현재 매장의 시스템을 갖추고, 조직 문화를 정착시키는 핵심 인재로서의 역할을 톡톡히 해냈습니다.

부원장은 저에게는 특별한 사람입니다. 작은 매장에서 리더로, 전문가로 성장하는 과정을 보여주는 경험을 하게 한 사람이었으니까요. 현재는 후배들에게 좋은 귀감이 되는 훌륭한 선배로서의 역할도 충실히 해내고 있습니다. 인재상에 딱 맞는 구성원이 되어 후배들을 이끄는 모습을 보면 뿌듯합니다. 부원장을 보고 있노라면 채용이 얼마나 중요한지 깨닫게 됩니다.

인성이 바른 직원을 채용하기가 어려워 1인 매장을 하겠다는 사장들이 늘고 있습니다. 매장에서 무인으로 할 수 있는 키오스크, 서빙 로봇 등을 확대하는 모습을 많이 봅니다. 이런 변화는 사람들의 일자리를 줄여 결과적으로는 인력난, 구직난이라는 사회 문제까지 야기될 수 있죠.

구성원들의 인성은 일을 할 때 태도로 드러납니다. 구성원들의 인성이 조화롭게 어우러지면 매장 운영이 수월해집니다. 업무 처리가 확실치 않아 생기는 문제, 불친절한 고객 응대, 고객 불만족과 같은 어려움이 현저히 줄어듭니다. 서로에게 좋은 영향을 주어 더 나은 관계를 만들고, 성공적인 성과로 이어지게 됩니다. 매장 운영에서는 채용이 제일 중요하다고 해도 과언이 아닙니다.

> 그 임하는 태도가 생각과 마음가짐 자체가 되고, 거기서 평상시의 말과 행동이 나오며, 그 말과 행동이 습관이 되고, 결과를 만든다. 그리고 그 것들이 쌓여 일과 사업의 모양을 결정짓는다. 태도가 가장 중요하다. 기본기와 본질을 강조하는 이유는 바로 그 태도를 바꾸기 위함이다.
>
> 《내 운명은 고객이 결정한다》(박종윤 저)

대표자의 인성 또한 중요하다

필자의 매장 주변에 일본 음식점인 오코노미야끼 집이 있습니다. 그 매장의 터는 수년간 비워져 있었죠. 상권 분석에도 관심이 많은 필자는 오코노미야끼 집이 들어서는 모습을 보고 '저기는 망하는 자리인데 몇 년이나 버티려나?' 지켜보았습니다. 그런데 망하기는커녕 시간이 지날수록 매일 사람들이 줄지어 매장 앞에서 기다리는 모습을 목격했지요. '잘 버티네. 줄 서서 먹을 정도로 맛이 좋은가?' 궁금한 건 못 참아 꼭 알아내야 직성이 풀리는 제가 직접 방문해 보았죠.

과연 음식 맛은? 맛있었습니다. 하지만 그곳에 2시간 정도 머무르며 음식을 먹고 있는 동안 '맛 때문에 사람들이 줄 서는 게 아니구나.'를 깨달았죠. 사장님은 히로시마 현지에서 전수받은 오코노미야키를 손수 정성을 다해 만들고 있었습니다. 또한 매의 눈으로 고객을 관찰하고 니즈를 파악하고 있었습니다. 처음 보는 고객에게도 말을 걸어주며 한 사람 한 사람에게 관심을 가지고 응대하는 모습이 인상 깊었지요. 문을 열고 나오면서 궁금증이 풀렸습니다. '맛도 좋지만, 고객에 대한 관심과 정성을 알아봐 주는 사람들이 줄을 서는 거구나.'

앞 장에서도 말했듯이 고객의 마음을 잡을 다양한 요인들을 포괄할 수 있는 것은 대표자의 인성이라고 생각합니다. 대표자의 인성이 왜 중요할까요?

사장은 매장의 방향성과 가치관을 결정하는 선장과 같은 존재이기 때문입니다. 대표자가 추구하는 방향성이 오로지 돈인지, 가치 성장인지, 사회적 기여 등에 대한 철학이나 소신 같은 것들이 매장의 운명을 좌우합니다.

한 20년 전쯤 대학생 때 알바를 했던 적이 있습니다. 치킨과 햄버거를 파는 매장이었습니다. 사장님은 자신의 힘든 일을 대신해 줄 아르바이트생들을 언제든 쓰다 버릴 수 있는 소모품처럼 대했죠. 관심이나 진심이 담긴 인사는 커녕 아르바이트생들을 인격적으로 대해준 적이 없습니다. "야", "너"는 기본이었고요. 당시는 너무 어리고 순진해서 모욕적인 언행을 해도 맞서서 부당함을 말할 용기가 없었죠. 그 사장님은 사람보다는 돈이 최우선이었죠. 이런 태도는 직원들의 불신을 초래하고, 일하고자 하는 동기마저 빼앗습니다.

아르바이트 이외에도 직장 생활을 오랫동안 했었는데, 직장에서 귀감이 되는 대표를 단 한 번도 본 적이 없습니다. 노동 착취, 편법으로 임금 착취, 인격 모독 뿐만 아니라 자신의 이익을 채우기 위해서는 온갖 수단과 방법을 가리지 않았어요. 선량한 직원들은 당할 수밖에 없는 구조였죠. 퇴사하면서 사업주들에 대한 실망과 회의감이 들었습니다.

매장의 체계적인 임금 규정이 정착되지 않던 사업 초기의 일입니다. 필자의 매장에 한 직원이 있었습니다. 퇴사 결정 후 퇴직금 문제로 갈등이 생기면서 필자에 대해서 신뢰가 깨졌다고 했죠. 정신이 번쩍 들었습니다. 제 스스로를 공정하고 믿음직스러운 사람이라고 생각했었습니다. 명확한 임금 규정을 세워 놓지 않았고, 직원에게 미리 임금에 대해 고지하지 않았습니다. 명백한 사장의 실수였지요. 이후로 제 자신과 사업에 대해 끊임없이 성찰하고 점검하는 노력을 게을리하지 않습니다.

현재는 법적으로 잘 정해져 있어서 법을 따르면 됩니다. 예전에는 소상공인 자영업자들이 노동법에 대해 잘 몰랐죠. 퇴직금, 최저 임금 등은 의사소통이 원활하게 이루어지지 않았던 겁니다. 무지해서 생긴 실수가 노무와 세무 공부를 하게 된 계기가 되었습니다. 그것이 나를 위하고 직원을 보호하는 방법이니까요.

사업을 시작하면서 '어떻게 하면 우리 직원들과 함께, 즐겁게 오래 일할 수 있을까?' 항상 고민했습니다. 귀감이 되는 사장을 본 적이 없었기 때문에 '나는 제대로 된 사업체를 운영해 보고 싶다. 옳은 마인드와 언행으로 본보기가 되는 사장이 되어야겠다.'고 다짐을 했었죠. 그래서 마음속에 기준을 만드는 것에 집중했습니다. 그중 가장 중요하게 생각한 가치관은 "한번 내뱉은 말과 약속은 반드시 지킨다. 지키지 못할 약속은 하지 않는다."입니다. 이것이 대표의 자세라고 생각합니다.

약속은 많은 것을 포함하고 있습니다. 대표로서 지키지도 못할 말을 아무 생각 없이 내뱉는 것은 최악입니다. 반드시 심사숙고 과정을 거쳐야 합니다. 허풍을 떨거나 남을 속이면 안 됩니다. 약속을 했으면 지킴으로써 상대방과의 신뢰 관계를 지켜야 합니다. 잘못이 있으면 인정하고 먼저 사과할 줄 알아야 합니다. 이것이 대표로서 직원들에게 신뢰를 줄 수 있는 최선의 방법입니다.

대표의 가치관과 기준은 매장의 방향성을 나타내는 나침반이 됩니다. 대표의 모든 행동과 말에 진심이 담겨 있어야 상대방이 느낄 수 있습니다. 행동과 말이 다르거나, 편법이나 일삼는다면 공정과 상식은 사라집니다. 직원들도 그런 모습을 배우며 부정한 것을 당연하게 여깁니다. 이런 일은 절대 일어나선 안 됩니다. 직원이 좋은 방향으로 성장할 수 있도록 이끌어주어야 합니다. 올바른 리더가 되어야 직원들도 본받을 수 있습니다. 그래야 고객에게도 좋은 영향력이 전달됩니다. 대표자의 인성도 직원의 인성 못지 않게 중요합니다.

사람을 존중해야 하는 직업
- 사람이 가장 중요하다 -

우리가 매장에서 만날 수 있는 사람은 크게 세 부류입니다. 그건 직원, 사장, 고객이죠.

이 세 부류의 사람들은 긴밀하게 연결되어 있습니다. 어느 하나 빠져서는 안 되죠. 작은 매장일수록 관계가 긴밀합니다. 매장을 운영하면서 그 무엇보다 사람과의 관계가 중요하다는 걸 더 많이 느끼게 되었습니다. 그중에서도 고객을 존중하는 자세에 관해 이야기하고 싶습니다.

어느 직업이든 간에 사람이 포함되지 않은 직업은 없습니다. 매장에 고객이 없다면 우리가 존재할 수 있을까요? 반대로 우리가 존재하지 않는다면 고객이 원하는 것을 얻을 수 없습니다. 특히 네일 숍은 45cm 거리에서 고객을 응대하는 직업입니다. 마주 보고 눈을 맞추며 고객의 손을 만지며 대화를 합니다. 그렇기 때문에 상대방의 눈빛, 말투를 통해 서로의 마음을 헤아리기도 합니다. 고객이 직장이나 가정에서 일어난 속상한 일을 털어놓기도 하고, 좋은 일은 함께 기뻐합니다. 그야말로 희로애락(喜怒哀樂)을 함께하는 거죠.

네일 숍은 여자 고객의 비중이 높습니다. 명절 때만 되면 작년에 속상했던 일들까지도 꺼내어 이야기 풍년을 이룹니다. 얘기하는 것만으로도 속이 후련해질 수 있습니다. 회사에서 속상한 일이 있어서 표정이 안 좋으면 "고객님,

오늘 무슨 일 있으셨어요?", "아니 후임이 들어왔는데, 일을 진짜 너무 못하는 거예요. 말도 싸가지 없게 해서 요즘 너무 스트레스를 받고 있어요."라고 털어놓기도 합니다.

이럴 때 필요한 것은 공감! 진심을 담아 공감하는 것이 중요합니다. "그분 너무 했네요. 고객님이 얼마나 힘드셨을까 느껴집니다. 제가 도와드릴 수도 없고 속상하네요." 추임새만 같이 넣어줬을 뿐인데 속상한 마음을 말함으로써 화났던 마음이 사르르 풀립니다. 매장을 나갈 때는 밝게 웃고 발걸음은 가벼워집니다. 자연스레 사랑방 같은 곳이 되는 거죠. 고객이 존중 받고 마음이 편안해지는 곳, 좋은 곳으로 기억할 것입니다. 이러한 고객들을 응대하는 사람이 바로 직원들입니다. 직원들 또한 행복해야 고객에게 행복한 마음이 전달되는 것은 너무 당연한 이치겠죠. 고객과 우리는 이렇게 서로 존중이라는 카테고리 안에 있습니다.

직장에서 직원들이 존중받거나, 업무의 성과를 인정받는 것도 매우 중요합니다. 인격적으로 존중받지 못한 직원은 일에 애정을 가질 수 없습니다. 실수나 성과가 부족할 때는 자신감이 많이 떨어지고, 자신이 필요 없는 존재라고 생각이 들게 되죠. 직원들이 어려움에 처해 있으면 원인을 함께 찾아 해결하도록 도와주어야 합니다. 대표는 직원들이 일의 성과로 인정받으며 성취감을 얻고, 성장할 수 있도록 하기 위한 방법을 고민해야 합니다.

직원들이 잘 성장하고 행복한 삶을 살아간다면 사장 또한 행복한 일이 될 겁니다. 무엇보다 마음이 풍요롭고 든든하겠지요. 더불어 매장도 잘 운영이 될 것입니다. 매장에 찾아오는 고객들도 만족감을 느낄 것이고요. 이것이 바로 선순환입니다.

행복한데 직장을 그만둘 이유가 있을까요? 당연히 이직률이 낮아지겠죠. 직원들이 어떨 때 행복한지, 어떤 가치를 느끼는지 고민하면 이런 문제들이 해결되기도 합니다.

직원과 고객과 사장. 이 모든 사람들은 유기적으로 연결되어 있습니다. 고객도 누군가의 직원이거나 사장일 수 있고, 사장과 직원도 누군가의 가족입니다. 이것이 사람이 가장 중요한 이유입니다.

당신은 착한 사장이고 싶은가, 좋은 사장이고 싶은가

"너네 사장님 진짜 착하다! 네가 그렇게 자주 지각하는데도 뭐라 안 하셔?"
"회사 물품도 마음대로, 마음껏 쓸 수 있어? 회식도 그렇게 자주 한다고?"
"일하는 중간에 막 외출하고, 일 다 끝내지 못하고 퇴근해도 안 잘려?"

좋은 직장의 조건은 무엇일까요?

직원들은 급여/ 근무 환경/ 비전/ 복지/ 근무 시간 등 근무 조건이 좋은 직장을 원합니다. 반대로 회사는 좋은 인성은 기본이고, 성실하고, 일 잘하는 직원을 원합니다. 회사는 직원들이 원하는 수준의 근무 조건을 맞추기 위해 노력해야 하고, 직원은 회사가 원하는 업무처리 능력을 갖춰야 합니다.

그런데 서로 원하는 바가 너무 달라 생기는 갈등이 있습니다. 서로 원하는 바를 알지 못하니 자꾸 다른 방법으로 표현합니다. 비싼 선물을 주고 회식을 자주 하면 직원들이 좋아하고, 좋은 직장이라고 생각할 것이라고 착각합니다. 또한 일정한 기준이 없어 직원이 원하는 것은 무엇이든지 허용해 주면서 스스로를 마음이 착한 사장이라 생각합니다. 직원들에게 "너희들에게 이렇게 잘해 주는 사장 없다."라고 위로하며 안도합니다. 과연 이런 방법을 직원들이 원할까요? 퇴사율을 줄일 수 있을까요?

직원들이 그런 조건들 때문에 회사에 다니고 있다면 다시 한번 생각해 보시기 바랍니다. 비싼 회식을 사주지 못했을 때, 선물을 주지 못할 정도로 어려워졌을 때, 회사의 규약과 규제가 있을 때 직원이 과연 오래 일할까요? 이런 조건 때문이라면 뒤도 돌아보지 않고 떠날 겁니다.

요즘 사람들은 같이 워크숍 가고, 밥 먹고, 영화 보고 이런 것에 의미를 많이 두지 않습니다. 직원들이 진정으로 원하는 게 무엇인지 파악하고, 그것에 집중하는 것이 더 중요합니다. 지나치게 자주 하는 회식이 업무에 더 효율적으로 작용할까요? 그 에너지와 돈을 직원 교육에 투자하면 어떤 결과가 생길까요?

직원들이 궁극적으로 원하는 것은 일을 통한 개인의 성장입니다. 보너스가 많지 않아도 성장이나 성과와 같은 보상이 채워진다면 일의 가치를 느낄 수 있습니다. 개인이 성장하고 있음을 느끼고, 하고 있는 일에 만족하면 이직률이 낮아질 수 있습니다. 대부분의 사람들은 업무 기준이 명확하고 회사의 규율이 정확한 것을 선호합니다. 애매모호하고 불확실한 것을 싫어합니다. 좋은 사장이란 직원들과 함께 가치를 창출하고 그들이 보람을 느끼도록 성장하게끔 돕는 사람입니다.

필자는 무엇보다도 일의 맺고끊음, 공과 사, 정확한 보상 체제가 중요하다는 철학을 가지고 있습니다. 화려한 회식 대신 단 하루나도 직원들의 생일을 잘 챙겨주려고 노력합니다. "생일은 축하 받아야 마땅한 날이고, 이 땅에 태어났기 때문에 우리가 인연을 맺을 수 있었다. 오늘은 맘껏 축하하자." 직원들의 생일이 회식 날입니다. 모임의 목적은 흥청망청 회식이 아닌 정성스러운 선물과 축하 카드를 준비하고 다 함께 맛있는 식사를 합니다. 이것이 기업 문화입니다. 애매모호한 기준으로 착한 사람으로 보이고 싶은 사장보다는 기준이 엄격하지만 직원의 성장이 곧 회사의 성장임을 아는 좋은 사장을 추구합니다.

어떻게 하면 '직원들의 이직률을 낮추고 회사에 만족하며 다니게 할 수 있을까' 고민합니다. 수년간 연구와 실행 결과 직원들의 마음을 움직이는 것은 높은 급여도, 여유 있는 휴무도 아니었습니다(물론 급여와 근무 시간도 큰 영향을 주긴 하지만). 자신이 이 회사에 필요한 존재라는 소속감, 회사에서 성장하고 있다는 느낌, 만족감, 성취감 등의 긍정적인 감정들이 더 큰 동기를 부여해 주었습니다. 그중 체계적인 교육 시스템은 직원들의 긍정적인 감정을 증폭시키는 큰 원동력이 되었습니다.

필자의 매장에서 가장 신경쓰고 있는 것이 교육 시스템입니다. 장기, 단기, 외부, 내부 등 별도의 교육 시간을 정해 놓고 시행합니다. 지금 당장의 매출을 위한 업무도 중요하지만, 장기적으로 봤을 때는 직원의 교육이 무엇보다도 중요하다는 것을 알기 때문입니다. 구체적으로 말씀드리면 2년에 걸친 정규 교육을 준비하여 장기적인 계획을 실행합니다. 주로 업무 시간 내에 교육 일정을 잡고, 교육 후에는 테스트나 리포트를 제출케 하여 학습한 내용을 복기시킵니다. 값비싼 회식 보다 교육에 투자했을 때 직원들의 만족도는 더 큽니다.

착한 사장보다는 좋은 사장이 되는 길, 여러분도 할 수 있습니다.

웃으면서 퇴사하면 안 될까

필자가 사업을 하기 전 여러 직장에서 퇴사했던 기억을 되짚어 보았습니다. 단 한번도 기분 좋게 웃으며 퇴사한 적이 없다는 사실에 적지 않게 놀랐습니다. 제가 다녔던 직장의 대표들은 하나같이 그만둔다는 사실에 화를 내고 퇴사자에게 죄책감을 주는 언행을 하였습니다. 퇴사라는 사실 자체가 잘못도 아닌데 말이죠.

현재 직장에서의 퇴사가 다른 곳에서의 새로운 시작이었으면 좋겠지만, 퇴사 시 많은 갈등으로 힘들어 하는 모습을 보면 안타깝습니다. 금전적인 문제로 싸우기도 하고, 상대방을 신고하여 법정 싸움으로 가기도 합니다. 왜 이런 일들이 일어나는 것일까요? 웃으면서 퇴사하면 안 될까요?

저도 직원들과 영원히 함께 일하고 싶다는 마음이 굴뚝같습니다. 하지만 현실적으로 평생 같이 일할 수 있는 파트너를 만나기란 쉽지 않습니다. 일 잘하는 직원을 내 옆에 꼭 붙여 놓고 싶다는 마음이 자리잡고 있으면 직원이 성장하는 모습이 기쁜 게 아니라 떠나 보내야 한다는 불안함으로 다가옵니다. 이 불안감은 서로에게 절대로 좋은 영향을 줄 수 없습니다. 뷰티 살롱처럼 기술력이 바탕이 되는 직업은 특히 필요한 기술을 다 배우면 퇴사한다 라는 생각이 자리잡고 있습니다.

그렇다면 '직원들을 장기 근속하게 할 수 있는 방법은 없을까?', '퇴사를 결정하더라도 웃으면서 헤어질 수는 없을까?' 고민해 보았습니다. 필자의 매장에서는 그 방법 중의 하나가 체계적인 교육입니다. 교육은 앎에 대한 기쁨을 느끼게 해주고, 지적 성장을 원하는 인간의 기본 욕구를 충족시키는 동기가 되어 줍니다. 교육을 통해 몰랐던 점을 알게 되고 재미를 느끼면 더욱 깊이 공부하려는 마음이 생깁니다. 또 학습을 바탕으로 일을 하다 보면 성취감을 느끼게 되어 이곳에서 '내가 성장하고 있구나' 깨닫습니다. 퇴사가 목표가 아닌 성장이 목표가 되는 것입니다. 성장을 통해 현재의 일에서 의미와 가치를 찾았다면 함께 오래 할 수 있는 겁니다.

또 직원을 단순히 일하는 대체 수단이 아니라 파트너로 인정하고 마음으로 잘 품어주어야 합니다. 파트너가 성장하는 것이 내가 성장하는 길이고, 매장이나 회사가 성장하는 길입니다. 직원을 파트너라고 생각하면 많은 것이 달라집니다. 회사라는 큰 수레를 함께 밀고 당기며 언덕을 넘어갈 방법을 생각하죠. 이런 과정들 속에서 조직원으로서 소속감과 책임감을 느낍니다. 이외에도 함께 오래 할 수 있는 방법들을 끊임없이 찾아야 합니다.

직원으로 일하는 게 속 편하다는 사람들도 있겠지만, 리더나 대표가 되고 싶다는 꿈을 가진 사람도 많습니다. 좋은 리더로 성장할 수 있도록 돕는 것이 서로의 성장에 도움이 되는 길이죠. 그 과정을 통해 매장도 발전할 수 있습니다. 이처럼 회사의 발전과 직원의 성장이 잘 이루어지는 것이 서로의 공통된 목표입니다.

회사는 직원의 퇴사에 대한 걱정과 두려움이 늘 존재합니다. 새로운 사람을 또 뽑아서 일을 가르치고, 훈련시키는 일이 고되기 때문입니다. 직원의 퇴사가 불안과 두려움이 되지 않으려면 퇴사는 늘 있을 수 있는 일임을 인정해야 합니다. 대표들이 흔히 내뱉는 "네가 어떻게 그럴 수 있냐. 지금 당장 회사는 어떡하냐. 지금 퇴사는 안 된다."라는 말들은 퇴사에 대한 준비가 되어 있지 않기 때문에 나오는 것입니다. 그들도 언젠가는 리더가 될 것이라는 마음의 준비가 필요합니다. 그래야 퇴사를 결정해도 좋은 이별이 될 수 있습니다.

사실 필자도 항상 마음속으로 직원들과의 이별을 준비하고 있지만 "대표님 저 드릴 말씀 있습니다." 면담 요청을 들으면 가슴이 덜컥 내려앉습니다. 머릿속은 벌써 '무슨 말을 하려고 하나. 그만둔다는 말을 하려고 하나.'라는 생각부터 듭니다. 이내 마음을 가다듬습니다. '누구나 때가 되면 떠날 수 있어. 서운해 하지 말고, 응원해 주자.' 직원은 언제든지 그만둘 수 있다고 생각하고 대비할 수 있는 대안도 마련해 놓아야 합니다.

인원은 항상 0.5명 이상 여유롭게 준비되어 있어야 합니다. 갑작스러운 퇴사가 있더라도 운영 가능한 시스템과 일할 수 있는 환경을 만들어 놓으면 퇴사자를 원망하는 일은 일어나지 않습니다. 누구나 업무에 투입될 수 있도록 준비하고, 교육을 소홀히 하면 안 됩니다. 그동안 열심히 일해 준 직원에게 감사의 마음을 표해 보세요. 실제로 저희 매장에서는 몇 년씩 일하고 퇴사하는 직원들은 축하의 꽃다발을 선물로 받고 모두 새로운 시작을 응원합니다. 떠나가는 직원을 보내는 마음이 아쉽고 서운한 마음이 왜 없겠어요. 하지만 세상에 영원한 건 없습니다.

※

함께 가야 멀리 갈 수 있다

요즘 '1인 창업'이 트렌드입니다. 1인 창업자들에게 어떤 점이 어려운지 인터뷰해 보았습니다.

"나를 대신해 줄 사람이 없으니 아파도 병원 가기 힘들어요."
"내가 일하지 않으면 매출이 없어요."
"어려움이 있어도 의논할 사람이 없어요."
"내가 맞게 하고 있는 건지 잘 모르겠어요."
"혼자라 편할 때도 있지만 외로움도 커요."
"회사 다닐 때 몰랐던 일들이 온전히 나의 책임이 되니
어깨가 무겁고 부담스러워요."

답변에서 무엇을 느끼셨나요? 이런 하소연을 듣다 보면 필자는 이런 생각이 듭니다. '1인 창업만이 정답인가? 함께 오래 할 수 있는 방법은 없을까?'

필자는 온전히 1인 창업을 해본 적은 없지만, 주변에 1인 숍을 운영하는 원장님들이 많아서 이런 얘기들을 많이 나눕니다. 1인 창업으로 사장이 되니 나를 구속하는 것들이 없어 자유롭고, 마음대로 할 수 있어 편하고 좋지만, 실제로는 어려운 점이 더 많습니다. 혼자 하다 보니까 시간적인 여유가 없고, 사업주가 일하지 않으면 매출이 없는 상태가 됩니다. 그래서 아파도 일을 해야 하는 상황이 되는 겁니다.

'혼자보다 함께 가 낫다.', '백지장도 맞들면 낫다.'는 말이 있죠. 함께 살아가는 사회입니다. 자유도 좋고, 돈도 좋습니다. 하지만 필자는 같이 성장할 수 있는 '직원이 함께하는 매장'을 추천합니다. 나 혼자가 아닌 직원들과 어떻게 오래 함께할 것인가 고민하게 되었죠. 어려운 점들을 함께 고민하고 해결점을 찾는 노력을 많이 합니다. 서로에게 가르치고 배우면서 성장할 수 있습니다. 만약 혼자라면 외롭고 힘들고 아파도 혼자 이겨내야 합니다. 하지만 위로해 주고 격려해 주는 사람이 옆에 있다면 다시 일어설 수 있습니다. 의미 있는 일들을 여럿이 같이 도와서 하면 더 오래 할 수 있습니다. 함께하면 좋은 점이 참으로 많습니다.

필자가 어떤 사명감이나 소신이 있어서 현재의 직업을 선택한 것은 아니었습니다. 처음에는 단순히 손톱을 예쁘게 꾸미는 게 너무 좋아서 시작했습니다. 그런데 20년이 훌쩍 넘은 현재는 기본에 충실한 네일리스트를 양성하는 것이 저의 사명이 되었습니다. 매장에서는 직원을 제자로 대합니다. 직원들이 기술과 마인드가 바로 세워진 네일리스트로 성장시키는 것이 저에게 매우 의미 있는 일이 되었습니다. 직원들과 함께하는 기쁨을 느낄 수 있기 때문이죠. 자신에게 가치가 있다고 느껴지는 일은 지치지 않고 오래 할 수 있고, 나아가 사명이나 소신으로 발전합니다.

여러분들이 하고 있는 일의 본질을 생각해 보시기 바랍니다. 내가 이 직업을 선택한 이유, 내 직업이 다른 이들에게 어떻게 도움을 줄 수 있는지, 내 삶에 도움이 되는지 근본적인 것부터 들여다보는 겁니다. 일의 가치를 찾고 함께할 수 있는 사람들이 있다면 오래 할 수 있습니다.

필자가 운영하고 있는 협동조합도 마찬가지입니다. 혼자 하면 엄두도 못 낼 일을 5인이 함께하여 시작할 수 있었고, 사업을 통해 개인의 성장뿐만 아니라 소상공인 사업자들의 자립을 돕고 있습니다. 누군가 뒤처지면 기다려주고, 손잡아 이끌어주고, 같은 곳을 바라보고 나아갈 수 있는 수 있습니다. 함께한다는 것은 이처럼 아름다운 일입니다. 다른 무엇보다도 이런 마음가짐이나 마인드를 함께 나눌 수 있는 게 멀리 갈 수 있는 비결이라고 생각합니다.

협동조합을 생각하다

어느 일이든 정년이 있듯이 뷰티 살롱 사업도 정년이 있습니다. 섬세한 작업을 해야 하는데, 노안으로 시력이 저하되어 고객을 직접 관리하는 것이 어려워질 때가 정년입니다. 현장에서 직접 일을 하는 것이 힘들어지죠. 그래서 나와 함께 일해 줄 직원들을 교육하고 성장시키는 일이 가장 큰 숙제이고 중요한 일입니다. 시간과 노력이 많이 드는 일이죠.

'품앗이' 아시죠? 서로 힘든 일을 거들어 주면서 품을 지고 갚는 일이죠. 우리나라의 전통적인 공동 노동 방법입니다. 직원들을 교육할 때면 품앗이 생각이 간절했습니다. 주변에 실력 좋은 사장님들이 많은데, 이 과목은 저 분에게, 저 과목은 이 분에게 교육받으면서 서로 교육해 주면 얼마나 좋을까 싶었습니다. 저와 비슷한 생각을 하고 있는 분들이 있더군요. 비슷한 생각을 가진 사람들이 모여 공동의 교육을 하면 좋겠다 싶었습니다.

직원들 교육 문제뿐만 아니라 개개인의 사업자들이 매장을 운영하다 보면 힘든 점이 많습니다. 이럴 때 같은 업종에서 일하는 사람들끼리 한목소리를 내면 힘이 될 때가 있죠. 사람들이 모여 더 나은 발전을 위해 단체를 설립합니다. 흔히 알고 있는 'OO 협회'의 형식으로 만들어지죠. 초반에는 공동의 이익을 위하여 모두 열정을 가지고 열심히 노력합니다. 그런데 이를 이용하려는 사람들이 꼭 있습니다. 명분은 모두를 위한 거라면서 한 사람으로 치우쳐 이득을 취하는 사례를 많이 보았습니다. 사업자들을 위한 목적으로 존재하는 것이 아니라 일부 사람들의 사리사욕을 채우는 단체로 전락하고 마는 거죠.

네일 업계에도 협회들이 여럿 존재했었으나, 사업하는 사람들의 든든한 버팀목 같은 존재는 아니었습니다. 어려울 때 물어볼 곳도, 기댈 곳도 없어 도움을 받지 못했습니다. 사업자들은 각자도생하는 형태로 변화했습니다. 현재 단체나 협회는 많이 없어지거나 축소된 상태로 지속되다 보니 네일 산업도 변화하였습니다.

20년 동안 뷰티 업계에서 일하면서 정년이 되기 전에 작은 도움이라도 줄 수 있는 일을 하고 싶다는 생각이 들었습니다. 또한 정년을 늘리고 싶었죠. 작게는 매장에서 네일리스트를 양성하는 일이고, 더 나아가서는 경력 단절된 사람들을 교육하고, 일자리를 창출하는 비전을 가지게 되었습니다. 그 과정에서 사업자들이 모여서 이익을 창출해 낼 수 있고, 교육 비전의 연장선으로 사업자 협동조합을 설립하게 되었습니다. 한 사람에게 치우친 그런 조합이 아니라 진짜 업계 전반을 살릴 수 있는 좋은 취지에서 긴 철학과 안목을 가지고 만들게 되었습니다.

미용업은 교육이 기본이고 필수입니다. 기술이 바탕이 되는 직업이기 때문입니다. 협동조합은 다섯 사람이 같이 출자해서 교육을 공동으로 하는 사업입니다. 위에서 언급했듯이 사업을 운영하면서 직원들의 장기 근속을 위한 방안과 지속적인 교육이 가장 어렵고 힘든 일이어서 공동의 힘으로 이겨나가기 위해서입니다. 또한 재교육이 필요한 네일 사업주들에게 재교육을 통해 사업의 원동력을 찾게 해주고 힘이 되어주는 것이 목적입니다. 혼자서는 엄두도 내지 못했던 일을 여럿이 힘을 모으니 가능해졌습니다. 이것은 협동조합의 힘입니다. 네일 서비스업의 연장선으로 교육 사업을 시작하게 되었습니다.

Part 3

새로운 시장 개척과 차별화

시대가 빠르게 변화하고 있습니다. AI가 발달하면서 기존 직업들이 사라지고 있습니다. 생각지도 못했던 시장이 펼쳐지고 새로운 직업들이 생겨납니다. 변화하는 흐름 속에 안주하지 말고, 새로운 시장에 대한 눈을 뜬다면 사업을 성공적으로 지속할 수 있을 것입니다.

현재 네일 시장의 어려움

현재 네일 시장은 큰 어려움에 처해 있습니다. 가장 큰 어려움으로는 가격 하락을 꼽을 수 있습니다. 왜 어려움에 처하게 되었는지, 구조적인 원인을 분석해 보겠습니다.

매년 최저임금이 인상되고 있습니다. 또 신입 직원 고용이 어려워졌습니다. 신입 직원은 초보 단계이기 때문에 직접적으로 손님을 관리하거나 매출을 일으킬 수 없습니다. 업무에 투입되어도 바로 매출을 일으키기 어렵다면 적극적인 고용이 어렵습니다. 4대 보험, 퇴직금, 근무시간 등 법적으로 준수 의무와 워라밸 같은 인식의 변화가 원인이겠습니다. 소규모 매장 운영은 여러 가지 경제적인 어려움이 따릅니다.

2014년부터 네일 미용 국가고시가 시행되었습니다. 누구나 네일 미용사 자격증 취득이 가능합니다. 열심히 준비하여 필기와 실기 시험을 통과하면 누구나 합격할 수 있습니다.

2014년 이전에는 네일 숍을 창업하려면 미용사 자격증(헤어)이 필요했기 때문에 원하지 않는 자격증 시험을 치러야 했습니다. 네일 미용쪽으로는 사설 협회의 자격증을 취득해서 경력을 인정받는 방법밖에 없었습니다. 기술을 쌓는 기간도 오래 걸리고, 창업도 쉽지 않은 시절이었습니다.

현재는 네일 미용사 자격증을 취득하면 누구나 창업할 수 있기 때문에 창업의 문턱이 낮아졌습니다.

창업의 문턱이 낮아진 것에는 장·단점이 있습니다. 장점은 불필요한 다른 자격증을 취득할 필요가 없어져 시간과 비용을 절약할 수 있고, 기회의 폭이 넓어졌다는 겁니다. 단점은 기술력이 중요한 비중을 차지하는 업종인데, 준비가 안 된 초보 기술자들의 창업으로 생기는 다양한 문제입니다.

앞에서 초보자들을 고용하기 어렵다고 말씀드렸습니다. 초보자들은 구직이 어렵기 때문에 바로 창업의 길을 선택하게 되죠. 바로 창업하기보다는 취업해서 실력을 쌓는 것이 실패를 줄이는 길임에도 취업이 어려우니 선택의 여지가 없는 겁니다. 막상 창업은 했지만 매장 운영을 해본 적 없는 사람들은 난관에 부딪힙니다. 고객 관리, 매장 관리, 마케팅 등 매장 운영에 필요한 전반적인 지식과 경험이 부족하기 때문입니다. 결국 고객을 오게 하는 방법이 가격 인하밖에 없는 거죠.

대안 없는 가격 경쟁은 업계에 큰 파장을 일으킵니다. 나만 살아남을 수가 없습니다. 기준점이 사라지면서 업계 전체가 무너져버리게 되니까요. 시장이

침체되어 버립니다. 결국 오랫동안 숍을 운영했던 사람들도 가격을 낮출 수밖에 없는 상황이 된 것입니다. 가격 경쟁으로 운영에 필요한 최소 기본 단가보다 낮아지게 되면 폐업의 길로 접어들 수밖에 없습니다. 아이러니하게도 물가와 임금은 계속 치솟고 있는데, 네일 아트는 10년 전보다 더 낮은 단가로 일하고 있는 상황입니다.

다람쥐 쳇바퀴 돌 듯 같은 결론에 도달합니다. 임금 상승률에 못 미치는 단가 때문에 또 고용에 어려움이 생기고, 구직자들은 취업이 어려워지는 악순환이 생깁니다. 이런 문제들은 뷰티 업종뿐만 아니라 작은 매장을 운영하는 많은 사람들이 겪고 있는 고통입니다. 결국은 창업과 폐업을 반복하는 일이 많아집니다. 구인과 구직을 둘러싼 어려움들은 개인의 노력도 필요하지만 전반적인 사회 문제에도 영향을 받습니다. 사회 각층에는 다양한 업종이 존재합니다. 업종마다 특성이 있고 다양한데, 법적 규제는 천편일률적으로 적용됩니다. 그래서 여기저기서 힘들다는 목소리가 터져 나오는 겁니다.

지인 중에 카페를 운영하는 사장님이 있습니다. 결국 매장을 내놓았다는 말씀을 하시더라고요. 이유를 물으니 이렇게 대답하시더군요.

"직원이 너무 안 구해져요. 교육해 놓으면 퇴사하고, 혼자 일하는 시간이 많아지다 보니 여유가 전혀 없어서 은행 업무 보러 갈 시간도 없습니다. 손목이며 허리 안 아픈 곳이 없어요."

네일 숍을 정리한 원장님도 계십니다.

"어려움을 이겨내 보려고 문제성 발 관리 교육도 받고, 새롭게 고객을 개척해서 운영하려고 했지만, 혼자 힘으로는 버거워요. 매장 관리, 고객 관리, 마케팅 등을 내가 다 해야 하잖아요. 그렇다고 직원을 구하는 게 쉬운 것도 아니고, 교육해서 일 좀 하는가 싶으면 퇴사하고, 너무 힘들어요."

이렇게 어려운 현실 속에서 저희 매장도 살아남기 위해 차별화된 새로운 대안이 필요했습니다. 확실한 전략이 있어야 했습니다. 속부터 튼튼한 매장이 되려면 매뉴얼을 디테일하게 만들어야 했고요. 다른 매장과 차별화를 위한 끊임없는 교육과 실행, 그리고 피드백을 게을리하지 않았습니다. 더불어 마케팅도 활성화시켰죠. 틈새시장 개척에 집중했습니다. 어디나 틈새시장은 존재합니다. 남들이 하지 않는 것, 못하는 것은 경쟁자가 많지 않으니 결과가 확실하죠. 선점하는 것이 더욱 중요합니다.

틈새시장을 개척하다

현재의 산업에서 다른 시장을 개척하고 싶지만, 너무 멀리서 찾기 보다 지금 하고 있는 일에서 확장할 수 있는 방법은 없을까 고민했습니다. 자세히 관찰해 보니 고객의 니즈에 틈새시장이 있었습니다. 남들이 하지 않는 것, 고객들이 원하는 것, 그것이 대안이고 틈새시장일 수 있습니다.

"발톱이 파고드는 것 같아요. 불편한데 혹시 거기서 관리해 줄 수 있나요?"
"발톱이 두꺼워 혼자 자르기 어려운데 혹시 잘라줄 수 있나요?"
"아이가 물어뜯는 손톱인데 혹시 좋아지게 하는 방법 있나요?"

관찰과 분석을 통해 '문제성 손·발톱 관리를 전문으로 해주는 매장이 필요하다.'는 결론을 내리게 되었습니다.

산업이 발전하면서 사람들의 삶이 윤택해졌습니다. 20년 전만 해도 얼굴이나 외모를 가꾸고 치장하는 것은 중요하게 생각했지만, 손톱까지는 신경쓸 수 없었습니다. 네일 아트는 부유한 아줌마들의 전유물이었죠. 현재는 네일 아트를 남녀노소 누구나 쉽게 받을 수 있습니다. 손을 관리하는 것에서 더 나아가 발과 발톱 건강까지 신경쓰는 시대가 되었습니다. 발이 건강한 것은 물론이고 아름다워야 만족합니다. 발톱이 조금만 불편해도 참지 않고 해결하길 원합니다.

최근 내성 발톱이나 무좀 등의 증상이 있을 때 관리 받기를 원하는 고객이 많아졌습니다. 여러분, 도시의 길을 유심히 보신 적 있으신가요? 딱딱한 아스팔트나 블록으로 평평하게 잘 다듬어 놓았습니다. 울퉁불퉁한 흙길이나 폭신한 잔디길은 찾아볼 수 없습니다. 딱딱한 땅바닥에서 걷거나 뛰면 발과 무릎에 고스란히 충격이 전해집니다. 이것이 발과 발톱에 문제를 일으키는 요인이기도 합니다. 오히려 울퉁불퉁하거나 잔디처럼 폭신한 길을 걸을 때 발바닥은 좋은 자극을 받습니다.

운동 부족, 체중 증가, 서구화된 식습관 등이 신체에 영향을 미치고 발톱과 발의 문제로 연결됩니다. 예전에 발은 문제가 생겨도 신경쓰는 신체 부위가 아니었어요. '무슨 발에까지 신경쓰냐'며 방치하거나 소홀하게 생각했죠. 하지만 이제는 발의 불편함을 더 이상 참지 않고 해결하길 원합니다. 또 발의 중요성을 새삼 느끼기도 합니다. 예전에는 겉에 보이는 부분에 치중했다면, 현재는 이너(inner)에 신경쓰는 시대입니다.

그래서 문제성 발 관리 시장이 발전하고 있는 겁니다. 특히 코로나19 이후에 집에서만 주로 있어야 하는 상황으로 물어뜯는 손톱, 내성 발톱을 가진 아이들이 많아졌어요. 과도한 스트레스는 손톱을 물어뜯는 습관의 원인이 되기도 합니다. 휴대폰이나 게임에 과몰입한 아이들은 걷고 뛰고 노는 것의 즐거움을 잊어버린 지 오래입니다. 학업 스트레스에 운동도 부족해지고, 시간 절약을 위해서 짧은 거리도 차를 타고 이동합니다. 주차장에서 주차장으로 이동합니다. 아이들은 걸을 기회도 없고, 놀이터로 뛰어나가서 놀 기회도 없다 보니 에너지를 발산할 기회가 없습니다. 스트레스는 물어뜯는 손톱을 거쳐 내성 발톱의 문제로 이어집니다.

유아기에서 청소년기까지 손톱을 물어뜯는 습관이 생긴 사람들은 성인이 되어서도 고치기 힘들다고 호소합니다.

"손톱 물어뜯는 것이 너무 창피합니다."

"이제는 손톱이 변해서 모양도 이상해졌어요. 그래서 관리 받으러 왔습니다."

이처럼 고민을 털어놓습니다. 보통 물어뜯는 손톱의 원인은 심리적인 부분이 큽니다. 처음에는 스트레스로 물어뜯기 시작했는데, 나중에는 스트레스를 받지 않아도 그냥 자연스럽게 입으로 손이 가는 습관이 형성된 겁니다.

발톱을 입으로 물어뜯는 아이들도 있는데, 이건 좀 심각한 문제입니다. 발은 손보다 자주 씻지 못하고 신발에 갇혀 지내기 때문에 각종 세균이 번식합니다. 그런데 발이 입으로 갔을 때 어떤 상황이 벌어질지는 여러분의 상상에 맡기겠습니다.

다음은 틈새시장을 개척한 사례를 질문한 A라는 분과의 인터뷰 내용입니다.

A : 문제성 손·발톱 전문 매장으로 탈바꿈하고 나서 그런 손님들이 많이 찾아왔다는 이야기죠?

필자 : 전문 매장으로 아예 탈바꿈한 지는 한 5년 정도 됐거든요. 그전에는 조금씩 필요하신 분들만 관리해 드리다가 5년 정도 전부터는 아예 '우리는 문제성 손·발톱 전문 매장입니다.'라는 광고를 하기 시

작했죠.

A : 문제성 손·발톱 전문 매장이라고 공표하면 나머지 그냥 미용 목적
으로 오는 손님들은 잘 들어오려고 하지 않지 않나요?

필자 : 그럴 수도 있어요. 전에 말씀드린 바와 같이 선택과 집중을 한 부분
이에요. 현재 미용을 위해서 오시는 분들도 절반 정도는 되는데요.
손님이 걸러지는 과정이 있었습니다. 저희를 여전히 믿고 찾아주시
는 분들 많이 계십니다. 일반 미용적인 젤네일, 젤페디 관리도 잘
이루어질 수 있도록 교육 시스템을 구축해 놓았습니다.

왁싱이나 속눈썹 관리 서비스를 종료했던 것도 선택과 집중을 위해
서였어요. 왜냐하면 다양한 분야를 모두 하기보다는 '손·발만 집중
하자.'라고 결정한 거죠. 그렇게 정한 5년 전부터 고객들에게 문제
성 손·발톱 전문 매장으로 인식시키기 위해서 노력을 많이 했죠.

A : 거기에서 당장 매출이 줄어드는 어떤 심리적·재정적인 타격도 있었
을 텐데, 그런 건 어떻게 극복하셨나요? 타격이 심하지는 않았나요?

필자 : 타격이 있긴 했었죠. 심적으로도 불안하긴 했습니다. 왜냐하면 고객
들은 손과 발 관리 이외에도 왁싱, 속눈썹 미용도 같이 받길 원하는
데, 관리 품목이 없어져 불편해진 고객들의 발길이 끊어졌습니다. 심
각하진 않았어도 타격이 좀 있었습니다. 하지만 그럴수록 새로운 대
안에 더 집중했습니다. 혼선이 생기지 않도록 직원들과 더 많은 회의
를 거치고 정확한 매뉴얼을 구축하였습니다. 고객들에게도 자세하게

알리는 과정을 통해 매장의 변화된 매뉴얼을 홍보하였습니다.

성공적인 매장 운영이 되기 위해서는 무엇보다도 노력, 시간 대비 객단가가 가장 중요합니다. 객단가가 높은 품목을 선택하는 게 효율적이죠. 만약 객단가가 낮다면 다매(多賣) 즉 많이 팔아야 합니다. 문제성 손·발톱 관리는 난이도가 높고 공부를 많이 해야 하는 종목이어서 객단가가 낮을 수 없습니다. 다매가 어렵다면 객단가가 높은 것을 선택하는 것이 효율적입니다. 여러분의 매장에서 관리 품목의 효율성을 한 번 체크해 보시기 바랍니다.

여러분의 틈새시장은 무엇입니까?

문제성 발 관리 시장의 현황

주변에 발톱 때문에 불편함을 겪고 계신 분들이 의외로 많습니다. 연령이나 성별도 특정되지 않습니다. 아주 어린 유아부터 걷기도 힘든 노인까지 다양합니다. 우리나라 의료 수준이 상당히 높다는 건 알고 계실 겁니다. 하지만 손톱·발톱을 전문적으로 치료해 주는 병원은 전무합니다. 이유가 뭘까요?

손·발톱은 돈이 되지 않는 사업이다?

손·발톱 질환은 원인을 알 수 없는 경우가 많다?

치료 기간이 오래 걸린다?

여러 가지가 있겠지요. 그렇다 보니 손·발톱에 이상 증상이 생겼을 때 병원을 가야 할지 말아야 할지, 심지어 피부과를 가야 할지 정형외과를 가야 할지 헷갈립니다.

필자는 20년 이상 손·발톱을 관리해 온 사람입니다. 의료적인 지식이나 경험은 없지만, 손·발톱을 관리하는 방법에 대한 다양한 사례를 보유하고 있습니다. 고객과의 상담을 통해 손·발톱에 이상이 생기게 된 원인을 찾아보고, 도움이 되기 위해 노력해왔습니다. 그 결과 많은 고객들이 도움을 청합니다.

기억에 남는 몇 가지 사례를 말씀드리겠습니다. 평소대로 예약 고객님을 안내해 드리고 관리할 준비를 했습니다. 고등학생인 남성 고객이 양말을 벗었을 때 속으로 살짝 놀랐습니다. 고객의 양 엄지는 내성 발톱으로 피와 육아

조직(모세혈관, 섬유모세
포 따위로 이루어진 증식
력이 강한 어린 결합조직.
외상 따위로 염증이 생겼
을 때 손상된 부위를 아

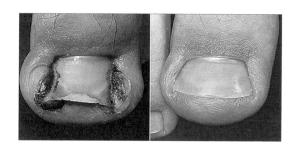

물게 하기 위해 깊은 층에서 발달하여 나온다)이 뒤엉켜 가장 심한 단계의 내성
발톱이었습니다.

　아직 고등학생이어서 그런지 겁이 많아 병원도, 네일 숍도 찾아갈 엄두를
못내서 이렇게 심하게 진행되었다고 합니다. 당연히 통증도 심하고 관리할 수
있는 방법도 한정적이었지요. 하지만 수술은 도저히 무서워서 못하겠다는 어
린 고객에게 최선을 다해 관리해 주었습니다. 관리 기간은 8개월 정도 걸렸고
현재는 '내성 발톱 관리 졸업'해서 편안하게 학교에 다니고 있습니다.

　몸의 가장 끝부분에 위치하고 있는 발톱은 작지만 컨디션에 영향을 많이
받는 신체 부위입니다. 가장 하찮게 여기는 부위이기도 하고요. 나이가 들면
모든 신체 기관들이 젊을 때처럼 원활하지 않고 하나둘 고장나기 시작하죠.
노인분들에게서 많이 볼 수 있는 발톱 무좀은 혈액 순환과 면역에 관련이 많
습니다. 무좀균은 외부에서 발에 묻어오는 경우가 많은데, 면역력이 좋은 건
강한 사람들은 대부분 발을 잘 씻고 잘 말려주면 걸리지 않습니다. 하지만 면
역력이 약한 사람들은 습하거나 청결하지 않은 균이 서식하기 좋은 환경이라
면 더 쉽게 생깁니다. 게다가 혈액 순환이 어려우면 발톱도 더디 자라고 대항

할 힘도 부족합니다.

연세가 많고 혈액 순환이 원활하지 않은 고객의 발 사진입니다. 멀리 여수
에서 관리 받기 위해 필자의 매
장에 방문합니다. 이 고객은 젊
을 때부터 시작된 무지외반증으
로 발의 여러 가지 불편함을 호
소하였습니다. 무지외반증은 내
성 발톱을 유발하는 경우가 많
고, 노화에 의한 혈액 순환 장
애가 생기면 무좀 발톱이 동반
될 수 있습니다.

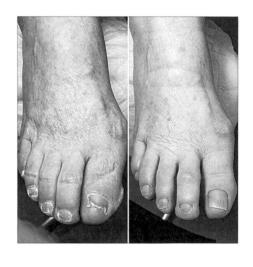

필자는 의사가 아니므로 의료적인 치료는 해드릴 수 없습니다. 하지만 통
증이 생기지 않게 위생적으로 관리를 해드릴 수 있습니다. 또한 건강한 발을
유지하기 위한 자가 관리 방법도 알려드릴 수 있지요. 고객에게 정확한 정보
를 주고, 환경과 습관 개선을 도와주는 역할을 하고 있습니다.

발톱에 멍이 드는 경우도 가끔 있으시죠? 침대 모서리에 부딪혀도, 등산할
때 하산하다가, 냉장고에서 음식물을 꺼내다 발톱에 떨어뜨려서 등등 발톱에
충격이 가해져 멍이 드는 경우가 있을 겁니다. 피부에 든 멍은 약을 바르거나
그냥 두어도 원래대로 돌아오지만, 발톱의 경우는 좀 다릅니다. 발톱에 멍이

들면 발톱과 피부 사이에 출혈이 생기는데, 이는 발톱 박리를 일으킵니다. 샤워를 하거나 발을 닦으면 박리된 틈에 습기가 차는데, 굳어져 있던 혈액과 습기는 균이 서식하기 좋은 환경을 만듭니다.

이런 가벼운 상처가 발톱을 무좀 발톱으로 만들고, 방치된 무좀 발톱은 변형되고 두꺼워져 내성 발톱으로 진행되는 경우가 허다합니다. 사진처럼 처음에는 심하지 않고 불편하지 않아 방치되었던 발톱은 혼자서 자르지도 못하고, 통증이 생기며, 발을 내어 놓고 다닐 수 없을 지경이 되는 것입니다.

그래서 이 사업에 집중하게 되었습니다. 사람들의 불편함을 해결하는 일이 사업이 될 수 있겠구나 깨달았죠. 아무도 해주지 않는 일이 블루오션이 되어 문제성 발 전문 매장으로 자리매김할 수 있었습니다. 실제로 2019년에는 코로나19로 매장의 존폐가 우려되는 상황이었는데, 2020년에는 오히려 매출이 오르는 상황이 되었습니다. 발톱이 불편한 분들은 코로나임에도 주기적으로 방문해 주시고 관리를 받으셨죠. 코로나 19인데도 걱정하지 않을 정도로 기대 이상의 결과를 만들었습니다.

확대되고 있는 발 관리 시장

여러분, 유튜브 많이 활용하시죠? 요즘 젊은이들은 궁금한 게 있으면 유튜브 채널을 가장 많이 찾아본다고 합니다. 저희 매장에 오시는 고객들 또한 "유튜브 보고 왔어요."라고 말합니다. 예전에는 손·발톱이 불편해도 '병원을 가야하나?', '병원의 어느 과를 가야 하나?', '다른 방법은 없나?'하고 고민만 했다면, 이제는 쉽게 인터넷에서 정보를 찾아볼 수 있습니다. 발 관리를 받기를 원하는 고객이 늘고 있는 것만 보아도 발 관리 시장은 확대되고 있음을 알 수 있지요.

한 가지 예를 들면, 몇 년 전부터 발톱 무좀 치료제를 파는 제약회사의 주식이 막 오르기 시작했다는 재미난 소식을 접한 적이 있었어요. 그만큼 사람들이 발에 대해서 굉장히 관심이 많아졌고, 발톱 무좀을 치료하기 위해서 병원을 많이 찾는다는 것을 반영하는 자료입니다.

유럽 쪽이 발 관련 산업이 많이 발달이 되어 있는데요. 특히 독일은 발 관련 제품과 기술이 다양하기로 유명한 나라입니다. 전문적인 제품 제조 회사가 다양하게 포진되어 있고, 기본적으로 연혁은 100년 이상 되었다고 합니다. 제가 직접 발 관련 자격증을 취득하러 독일에 방문해 보니 발전할 수밖에 없는 환경적인 요인이 있다는 생각이 들었습니다. 그곳의 전통적인 식습관과 연관이 많은 것으로 보입니다.

독일인의 주식은 맥주나 고기, 감자, 소시지류입니다. 이런 음식들은 단백질과 탄수화물 함량이 높아서 과도하게 섭취하면 체중 증가나 혈관계 질환을 일으킬 수 있습니다. 레스토랑에서 식사할 때도 맥주나 와인을 항상 곁들이는 모습을 보았습니다. 젊은 사람들도 인스턴트 식품을 많이 섭취한다고 합니다. 이런 문화적인 특성이 건강이나 발 질환에 영향을 미쳐 발 관련 산업이 더 많이 발달된 것으로 보입니다.

독일에서 발 관련 교육을 받을 때 실습 수업에서 일어난 일입니다. 주로 내성 발톱이나 무좀 발톱이 있는 독일인이 발 모델로 신청합니다. 피교육자들이 발 관리를 직접 해 주는 시스템이죠. 나이가 있는 분들이 많을 것이라는 예상

을 깨고 의외로 젊은 사람들이 많이 신청했습니다. 과체중이거나 당뇨, 하지 정맥류나 무지외반으로 인한 발 질환을 많이 접하게 되었습니다.

독일은 발 관련 직종도 세분화되어 있습니다. 발 관련 질환을 집중해서 치료해 주는 족부의사가 따로 있습니다. 외과적인 처치가 가능한 포돌로게 발 전문 관리사와 일반 발 관리사인 푸스플레게가 있습니다. 포돌로게는 족부의사들과 상호적인 협력을 통해서 발 환자들을 관리합니다. 이렇게 세분화되어 있다 보니 자신의 분야에서 전문성을 가지게 되고, 발전하게 되는 겁니다.

우리나라에는 발에 문제가 생겼을 때 도움을 받을 수 있는 족부의사가 많지 않아 어려움이 있습니다. 현재 정확하게 정해진 일반 발 관리에 대한 직업군이 없기 때문에 발 관리 경력이 많고 발에 대한 임상이 많은 네일리스트들이 맡아서 하고 있습니다. 또한 발톱에 대한 자료도 많지 않아서 문제성 발 관리는 임상이 많은 네일리스트들에게는 틈새시장인 셈이죠.

2019년 코로나 19가 전 세계를 강타했을 때 실제로 저희 매장도 운영이 굉장히 어려웠습니다. 하루에 손님이 한두 명 오는 정도였습니다. 코로나에 대한 공포로 손님들의 발길이 뚝 끊기고 직원들과 기약 없는 암흑과 같은 시간을 어떻게 버티나 불안해 했었죠. 그런데 미용 관리를 위한 손님은 뜸해져도, 내성 발톱 고객들은 발톱이 너무 불편해서 마스크를 끼고서라도 찾아오게 되었습니다. 무좀 발톱인 고객들도 마찬가지로 주기적인 관리가 꼭 필요하기 때문에 매장에 방문하셨죠.

현재의 어려움은 다른 방향에서 보면 다른 문이 열리는 기회이기도 합니다. 한 방향만 보고 있으면 다른 문이 열리는 것도 알아챌 수 없지요. 이 책을 읽고 계신 독자 여러분도 다양한 기회를 찾는 노력을 하신다면 충분히 가능할 것이라 생각합니다.

트렌드 키워드에 주목하라

매년 연말이 되면 다가오는 새해에 대한 기대가 커집니다. '내년에는 어떤 변화가 있을까? 어떤 것이 유행하게 될까? 변화는 나에게 어떤 영향을 미칠까?' 등 미래를 미리 예견하고 싶어지죠. 그래서 변화를 주도할 키워드를 연구해서 발표합니다. 키워드에 대해 공부하는 사람들은 변화에 민감하고 흐름을 잘 탑니다. 사업에 접목시키는 능력도 탁월하죠.

사회가 빠르게 변하는데, 작은 매장에서 변화를 선도하거나 뒤쫓아가기가 쉬운 일이 아닙니다. 이럴 때 필요한 것은 전문가들이 연구해 놓은 트렌드 키워드입니다. 최근 몇 년 동안의 키워드를 분석해 보면 힐링, 케렌시아, 건강, 리프레시, 소확행 등입니다. 이 키워드를 보면 당신, 우리보다는 나에 초점이 맞춰져 있습니다. 나의 건강, 나의 케렌시아, 나의 소확행이 중요한 시대가

된 것입니다. 나의 건강과 즐거움·행복처럼 개인이 더 중요한 시대가 되었습니다.

백화점이나 쇼핑몰도 예전과는 사뭇 다른 모습을 보입니다. 예전에는 쇼핑을 위한 매장들로 가득했다면 현재는 식물, 그림, 쉴 공간으로 채워져 있습니다. 또는 인테리어가 좋거나 유명한 커피숍을 입점시켜 이목을 끌도록 하는 변화를 목격하셨을 겁니다. 빠르게 변화하는 사람들의 니즈에 대응하여 트렌드를 창조하는 것이지요.

코로나 19로 인해서 건강의 중요성이 더욱 부각되었습니다. 김난도 서울대 소비자학과 교수가 제시한 10대 트렌드 중의 하나로 눈에 띄는 2022년의 키워드는 헬시 플레저(Healthy Pleasure)였습니다. 헬시 플레저는 건강을 즐겁게 관리한다는 뜻입니다. 더 나아가서는 치료 의학에서 예방 의학으로 그 중요성이 이동한다는 내용인데요. 제 사업과 접목할 수 있었던 부분은 발에 내성 발톱이 생기거나 무좀 발톱이 생기지 않게끔 예방할 수 있는 방법이었습니다. 발 관리를 받는 고객들에게 발을 건강하게 관리하는 방법을 많이 전달하여 발 질환 예방을 돕는 것입니다. 손과 발 관리를 받으면서 힐링을 하고 소확행도 느끼는 것이지요. 이런 키워드들이 트렌드가 되는 것을 반증하듯 예전에는 관심도 없었던 발 관련 업종들이 각광받고 있습니다.

발 건강을 위해서 풋 케어에 많은 비용을 지불합니다. 최근에는 신발도 기능성을 선호하고, 신발 안에 끼우는 기능성 깔창, 발 건강 마사지 등 발 관련 업종들이 발전하고 있습니다. 이제 사람들은 외모뿐만 아니라 내적인 것까지

도 신경쓰며 투자하기 시작한 겁니다. 자식과 가정을 위해 희생했던 삶이 예전이라면 지금은 나, 내가 먼저인 세상이 되었습니다. 그래서 필자는 발 관리 사업에 집중하고 방향성을 잡았던 것입니다.

필자가 운영하는 매장에서는 매년 12월에는 내년도 키워드를 예측해 유행할 트렌드를 공부하는 교육을 진행합니다. 우리와 접목할 수 있는 게 있다면 키워드에 맞게 방향성을 맞춰가는 과정입니다. 우리만의 키워드를 발견하고 매장에 맞게 접목하여 발전시킵니다.

독자 여러분도 새로운 키워드 자료나 영상을 적극적으로 검색하고 시장의 흐름을 읽어 빠르게 대처하길 바랍니다. 또한 직원들이나 동료들과 함께 공부와 토론을 통해서 우리 사업장에 접목시킬 수 있는 방법을 찾는다면 성공적인 매장 운영으로 가게 될 것입니다.

또 다른 틈새시장 개척

필자는 문제성 발 관리 이외에도 틈새시장 개척을 위해 다양한 시도와 노력 중입니다. 시도해 보지 않으면 그 결과는 누구도 알 수 없으니까요.

여기에서는 손과 발 스파에 대해 말씀드리겠습니다. 대략 20년 전 손·발톱 관리 산업이 우리나라에 시작되었을 때는 손톱과 발톱에 예쁘게 색을 바르는 것 이외에도 스파라는 고급 관리가 함께 성행했습니다. 손·발 스파(spa)를 가볍게 설명하면 따뜻한 물과 스크럽 제품을 이용한 마사지를 포함한 관리입니다. 스파를 하는 과정에서 손과 발의 묵은 각질도 제거됩니다. 이는 혈액순환을 돕고 피부를 맑고 건강하게 가꾸기 위해서 입니다.

2000년대부터 스파 관리는 네일 산업과 함께 발전하게 되었습니다. 그런데 젤네일(led 램프로 굳히는 매니큐어)이 발달하면서 사람들은 시술 단가가 높고, 관리하기 쉽고, 편리한 것을 찾게 되었습니다. 젤네일처럼 눈에 띄는 아름다움이 우선시되면서 기본부터 건강해지는 스파 관리는 뒷전이 되었고, 점진적으로 사라지게 되었습니다.

최근에는 스파 관리를 하고 있는 매장이 드물기 때문에 틈새시장이 될 수 있었습니다. 고객들의 니즈는 계속 변화합니다. 코로나19를 겪으면서 건강에 대한 관심이 높아지고, 나 자신을 위한 것을 찾습니다. 이 두 가지를 충족시키는 것이 바로 스파 관리이며, 고객에게 큰 만족감을 줄 수 있습니다.

충청남도 보령에서 스파 관리 숍을 전문적으로 운영하여 높은 매출을 기록한 김 원장의 인터뷰입니다.

필　자 : 스파란 무엇이라고 생각하십니까?

김 원장 : 보통 스파란 단어를 떠 올리면 생각나는 게 두 가지가 있습니다. 거품과 따뜻한 물! 그래서 저희 숍에 스파를 도입하면서 생각한 스파는 '따뜻한 마음을 나누는 시간'입니다. 지친 나를 위해 잠시나마 스파를 통해 토닥거리며 비우고 채워 새로운 에너지를 채워가는 시간이라 생각합니다.

필　자 : 스파 관리의 가장 큰 장점은 무엇인가요?

김 원장 : 우리는 너무나 많은 숍들과 경쟁을 해야 합니다. 그리고 어느 숍에나 있는 똑같은 시술만 고수해서는 안 됩니다. 숍은 다양한 매

뉴얼로 손님의 호기심을 자극해야 하는데, 그중 빠르게 반응이 오는 것이 스파입니다. 다른 메뉴와 달리 스파는 유독 고객에게 설레임을 줍니다. 관리받는 내내 나를 귀히 여기고, 내 이야기를 들어주고, 나를 위해 주고 있다고 고객이 느끼기 때문입니다. 특히 요즘 젊은 세대는 사회적으로도 대접받고 있다고 느끼는 것을 중요하게 생각합니다. 자존감이 매우 중요해졌기 때문이죠. 이와 같이 젊은층이 스파를 받는 일이 늘고 있습니다.

그리고 실제로 스파 관리는 네일 드로잉이나 아트 작업보다 피로도는 낮고 고객님들의 만족도가 높습니다. 한번 받으신 분들은 대부분 주기적으로 받습니다. 또한 저희는 K-뷰티의 민족 아닙니까? 머리부터 발끝까지 미(美)에 대한 관심이 높습니다. 앞 시간대의 고객님이 스파를 받고 나가시면 다음 고객님 또한 스파를 받습니다. 고객이 연결되고 매출로 이어지니 흥미롭기도 하고 보람도 있습니다. 마지막으로 만족해 하시는 고객을 보고 있으면 오늘도 나로 인해 누군가가 따뜻하게 채워진 기분이라 성취감이 듭니다.

필   자 : 스파를 통한 추가 매출 상승이 가능한가요?

김 원장 : 네! 충분히 가능합니다. 저희 숍은 스파 도입 후 매출이 상당히 증가했습니다. 고객들에게 어떻게 스파를 알릴지 고민했죠. '기존 상품은 늘 판매되던 것이니 묶어서 판매해 보자.' 하고 생각

했습니다. 그래서 세트 상품을 구성했죠. 두 가지 메뉴를 세트로 구성하다 보니 시간 대비 매출액이 늘었습니다. 게다가 주기적으로 방문하시는 고정 고객도 더 늘어나게 되었습니다.

필　자 : 고객에게 연결하기 좋은 상품인가요?

김 원장 : 스파 관리에서 작은 디테일들을 놓치지 않는다면 고객에게 연결하기 쉬운 상품입니다. 예를 들어 결혼을 준비하는 신랑·신부들이 결혼식 전 피부 관리 숍에서 얼굴과 바디 케어를 받잖아요. 그와 마찬가지로 네일 숍에서는 결혼식을 앞 둔 고객님께 스파를 권유합니다. 신랑·신부는 물론이고, 부모인 혼주에게도 관리 메뉴얼을 추가 구성하는 거죠. 특히 요즘은 계절에 상관없이 결혼식을 올리기 때문에 사 계절 내내 웨딩 손님들에게 인기랍니다. 또한 개인적인 이유로 젤네일을 하지 못하는 고객에게도 네일 숍에서 꼭 화려하고 반짝이는 것만 하는 게 아니라 스파 관리만으로도 충분히 건강과 힐링을 찾을 수 있다고 전합니다.

필　자 : 스파를 통해 궁극적으로 원하는 것이 있으신가요?

김 원장 : 고객들의 손·발이 건강해 졌으면 하는 마음은 기본이고요. 다른 부분으로는 네일리스트에 대한 인식 개선이 됐으면 좋겠다는 생각입니다. 미용업은 완벽한 서비스직이지만, 기술직으로 더 인정받고 싶습니다. 네일 숍은 누구나 쉽게 차릴 수 있습니다. 하지만 하나라도 더 해 주고픈 마음, 고객을 위하는 따뜻한 마음, 성

실함, 그리고 책임감이 있어야 하는 쉽지 않은 길이라는 것을 모두가 알았으면 좋겠습니다.

김 원장의 "고객을 대한 마음을 스파 관리에 담았다."는 진정성이 엿보이는 사례입니다.

또 다른 사례를 말씀드리겠습니다. 평촌에서 손·발 스파 관리만 전체 매출의 30% 이상을 차지할 정도로 틈새시장을 제대로 성공시킨 김 대표는 매장을 확장 이전하면서 스파 관리에 대한 계획을 몇 년 전부터 세웠다고 합니다. 김 대표의 매장을 방문한 고객은 무조건 편안한 안마 의자에 누워서 제대로 된 힐링을 경험하게 해주겠다는 계획을 실천으로 옮긴 사례입니다.

김 대표는 스파 관리에 대해 이렇게 정의합니다.

"스파는 물의 적정 온도와 수압으로 손·발의 순환 관리를 도울 수 있는 최적의 방법입니다. 안전한 자극으로 혈관의 확장을 도와 손과 발의 피부를 건강하게 변화시킬 수 있습니다."

김 대표의 틈새시장 공략은 적중했습니다. "수년 동안 식어버린 스파의 열기를 다시 데우는 데는 많은 노력이 필요했어요. 직원을 교육하고, 고객에게 끊임없이 소개하는 끈기가 필요했지요. 고객에게 화려함보다는 기본에 충실한 건강한 관리라는 것을 진정성 있게 전달했어요. 진정한 아름다움은 기본에서 시작되며, 이너 뷰티(inner beauty)의 중요성을 피력했지요.

한번 경험해 본 고객은 재구매로 이어지고, 평균적으로 2~3주 간격으로 방문하게 되었어요. 스파의 매력에 푹 빠지신 거죠. 아침에 스파 제품의 향기가 매장에 퍼지면 그렇게 기분이 좋을 수 없답니다. 무엇보다도 가격 하락으로 어려웠던 젤네일 시장이었는데, 추가로 매출을 올리는 데 큰 도움이 되었답니다. 현재 스파로 인해 안정적인 매출이 가능하게 되었습니다. 아름다운 손톱과 발톱의 마무리 단계가 디자인이라면 디자인 전에 건강한 손과 발이 우선되어야 하며, 진정한 아름다움의 완성이라 이야기할 수 있죠. 정통 스파 관리를 하는 곳이 많지 않다 보니 고객들은 멀리서도 찾아온답니다. 남들이 귀찮아하는 상품을 저희는 틈새시장으로 만들어냈죠."

이처럼 문제성 손·발톱 관리 이외에도 스파 관리를 연결해 틈새시장을 만들어 낼 수 있었습니다. 남들과 다르게 보는 시각을 키우고 시야를 넓게, 깊게 보는 습관을 가진다면 틈새시장을 찾을 수 있습니다.

Part 4

연대와 선순환의 고리

기본에 충실한 네일리스트로 성장시키기

2023년의 현실은 가혹합니다. 최저임금 인상으로 고용 증대는 어려워지고 일자리가 줄어들고 있습니다. 구직자들이 "취업하기 힘들다."라고 한 목소리로 호소합니다. 네일 숍에서는 더이상 경력이 없는 초보 신입 직원을 채용하기가 현실적으로 어렵게 되었습니다. 초보 신입 직원들은 매출을 내기 어렵고 교육 기간이 많이 소요되기 때문입니다. 이에 따른 리스크는 매장에서 다 짊어져야 하죠.

구직을 원하는 초보 직원은 많은데 초보 직원을 구인하는 매장은 거의 없습니다. 초보 직원은 어디서 일을 시작할 수 있을까요?

한편 인력 시장에서는 경력직도 찾기 어렵습니다. 경력 직원을 구하려고 구인 사이트에 구인 글을 올려 놓고 있는 지 몇 년째인데 면접을 보겠다는 사람은 날이 갈수록 줄어만 갑니다. "아르바이트생 구하기가 하늘에 별 따기!"라는 말도 심심치 않게 나옵니다. 이렇게 구인과 구직의 온도 차이는 매우 큽니다.

게다가 미용사(네일) 자격도 국가고시로 변경되면서 자격증을 취득한 사람이라면 누구나 창업할 수 있게 되었습니다. 창업은 경력과 상관없이 가능합니다. 일자리를 얻지 못한 초보 직원들은 어쩔 수 없이 준비되지 않은 상태로 창업의 길을 선택하기도 합니다. 미용사라는 직업은 특성상 많은 기술 연마가 필요합니다. 특히 초보 직원들에게는 많은 교육이 필요하죠. 자신이 부족한 부분을 깨닫고 추가적인 스킬을 연마할 과정이 있어야 합니다. 이런 스킬들은 선배들과 함께 일하면서 배울 수 있습니다. 하지만 많은 곳이 1인 매장 형태로 운영되다 보니 여럿이 어우러져 일할 수 있는 기회도 없을 뿐더러 그런 환경 자체도 조성되기 어렵습니다.

기술이 부족한 창업자들은 어떻게 살아남을 수 있을까요? 기술과 경험이 부족하기 때문에 당연히 경쟁력은 떨어집니다. 경쟁력이 없으므로 결국은 가격을 낮추는 방법을 택하게 됩니다. 뾰족한 대안이 없는 가격 경쟁은 업계에 유혈 사태만 일으킵니다. 결국 매장 임대 계약 기간인 2년이 채 되지 않아 폐업하게 되죠. 폐업만으로 끝나면 좋겠지만 문제는 거기서 끝나지 않습니다. 이미 낮아진 단가를 인식한 고객에게는 주변의 평균 관리 비용이 비싸게만 느껴지고, 싼 곳을 찾은들 기술력이 부족하니 고객의 만족도는 점점 낮아지는 결과를 낳습니다.

초보 창업자는 가격이라도 낮춰서 혼자서 운영해 보려 하지만 결국에는 부족한 기술 때문에 딜레마에 빠지게 되죠. 기술에 대한 피드백과 조언을 해줄 사람이 없는 겁니다. 기술 관련 업종에서는 기술의 완성도가 중요한데, 기술의 완성도를 쌓을 만한 풍토가 조성되지 못한 것이 가장 큰 문제점입니다. 일을 할 때 노동력과 시간은 많이 소요되는데, 가격만 점점 낮아지니 마진이 형편 없어집니다. 이런 악순환이 반복되는 사례가 비일비재합니다. 비단 네일 숍 뿐만 아니라, 헤어·피부 등 기술의 완성도가 필요한 관련 직종들도 비슷한 상황에 빠져 있습니다.

다른 매장에서 미숙한 기술자에게 관리를 받아 손톱이 많이 손상돼서 오는 고객도 많습니다. 이처럼 미숙한 스킬은 고객에게 피해를 끼칩니다. 이와 같은 사례가 반복되면 네일 숍에 대한 전반적인 불신으로 이어지기 때문에 단순히 창업과 폐업으로 끝나서는 안 됩니다. 어느 매장에 가더라도 합리적인 비용으로 안전하게 관리받을 수 있는 환경이 조성돼야 합니다. 시대의 흐름과 변화에 맞춰 합리적인 시스템을 구축하지 않는다면 네일산업의 미래는 없습니다. 고객에게 신뢰받는 매장이 되기 위해서는 개인의 노력과 기존 사업자들의 호응이 필요합니다.

어떤 노력이 필요한지 알아보겠습니다. 오랫동안 직원들과 함께 일하다 보니 직원들의 마인드나 태도에서 아쉬운 점을 느끼게 됩니다. 대부분의 직원들은 핵심 기술만 배우면 된다는 생각이 지배적이죠. 매장에서 일한다는 것은 단순히 기술만 배우는 게 아닙니다. 가장 중요한 것은 고객을 대하는 진심 어린 태도를 배우는 것이라고 생각합니다. 진심이라는 말이 너무 포괄적이라구요? 고객을 진심으로 대한다는 것은 고객의 이익을 우선으로 생각하는 마음입니다. 내가 힘든 것보다는 고객의 편의를 우선으로 생각하고, 나의 기분보다는 고객의 만족을 먼저 생각하는 태도입니다. 진심은 통한다는 말이 있지 않습니까. 고객도 나의 진심을 있는 그대로 느낍니다. 이는 매장 재방문으로 이어지고, 수입은 저절로 따라 온다는 아주 기초적인 진리입니다. 위의 손톱 손상이 생긴 사례만 보아도, 나의 돈벌이보다 고객의 손톱 건강을 우선으로 생각했다면 그런 일이 일어나지 않았겠죠.

'기본에 충실한 네일리스트를 양성한다.'

필자의 사명은 이런 이유로 생겨났습니다. 고객이 믿고 관리받을 수 있는 매장을 만드는 것이 가장 큰 목표입니다. 기본에 충실하다는 것은 고객을 대하는 마음가짐의 기본에서 시작한다는 뜻이고, 정확한 지식과 기술을 바탕으로 삼겠다는 뜻입니다. 이런 마음과 태도로 임한다면 누구나 일하고 싶은 직장이 될 것입니다. 직원들 한 사람 한 사람이 고객에 대한 진심을 바탕에 두고 정확한 기술을 배우길 바랍니다.

한 사람씩 성장시켜서 어느 세월에 그 바람이 이루겠냐고 비아냥거리는 사람도 있습니다. 하지만 한 사람이 가지는 영향력은 작지만, 작은 영향력이라도 물결처럼 일파만파로 퍼질 수 있다고 믿습니다. 그리고 후배들에게 그 마음과 기술을 전달했으면 합니다. 이런 노력들이 모여 산업이 발전하고 일하기 좋은 환경을 만들어갈 수 있을 거라 믿습니다.

창업을 쉽게 생각하지 말고, 차근차근 준비하고 공부해서 실패하지 않는 매장을 목표로 삼으시길 바랍니다.

✳

네일 시장에 좋은 변화를 선순환시키고 싶다

필자는 '좋은 리더'이고 싶습니다. 좋은 리더는 조직원들을 잘 이끌 수 있습니다. 리더십의 대가 피터 드러커의 '효율적인 리더들의 8가지 덕목'입니다.

✔ 그들은 "무엇을 해야 하는가?"라고 묻는다.
✔ 그들은 "무엇이 기업을 위한 것인가?"라고 묻는다.
✔ 그들은 계획표에 따라 행동한다.
✔ 그들은 기꺼이 책임을 떠맡고 결정을 내린다.
✔ 그들은 효과적인 커뮤니케이션 구조를 마련한다.
✔ 그들은 기회를 놓치지 않는다.
✔ 그들은 생산적인 미팅 시스템을 구축한다.
✔ 그들은 항상 '우리'라고 말하고 생각한다.

《피터드러커, CEO의 8가지 덕목》(피터 F. 드러커)

이 책에서는 효율적인 리더는 능력을 한곳으로 모아 당면한 과제에 집중한다고 이야기합니다. 또한 끊임없이 배우고 습득하는 경영자의 자세와 도덕성, 헌신, 신뢰와 같은 품성을 전합니다.

필자도 좋은 리더가 되어 기본에 충실한 네일리스트를 양성하고 싶습니다. 기본이 충실한 네일리스트 양성이 시장의 좋은 변화를 선순환시키는 가장 기본적이고 최선의 방법이라고 믿기 때문입니다. 필자의 이런 생각을 누구는 이룰 수 없는 원대한 포부라고 이야기합니다. '작은 매장에서 아무리 노력한들 시장 자체에 변화가 있겠냐?'며 말이지요. 하지만 제 생각은 좀 다릅니다. 우선 내 매장부터 기본에 충실한 네일리스트를 성장시키고, 그들이 좋은 리더가 되도록 도와야 한다고 생각합니다.

우리나라의 자영업자 비율은 OECD 중 7위입니다. 우리나라 사람 4명 중 1명이 자영업자라고 합니다. 이렇게 많은 자영업자들이 사람을 소중히 여기고, 기본을 충실히 지킨다면 작은 부분에서부터 좋은 변화가 생길 거라고 생각합니다. 물론 "왜 사장에게만 좋은 사장을 강요하느냐? 요즘 직원이나 아르바이트생들도 얼마나 불성실하고, 이기적인 줄 아느냐?"라고 반문하시는 분들 있을 겁니다. 맞습니다. 그런 직원들도 있을 겁니다. 하지만 매장을 운영하는 대표로서 직원을 고용할 수 있다는 것은 다른 사람에게 영향력을 줄 수 있는 사람이라는 겁니다. 다시 말해서 매장의 대표는 사람을 고용할 수 있고, 고객에게 좋은 제품을 팔 수 있고, 더 나은 서비스를 만들어 갈 수 있는 능력이 있는 사람이라는 뜻이죠. 그러니 리더가 된 사장님들부터 변화하고, 먼저 손을 내밀며, 직원들에게 좋은 영향력을 줄 수 있는 리더로 성장해야 합니다.

이렇게 좋은 영향을 받은 직원은 훗날 누군가에게 더 나은 리더가 되리라고 믿습니다. 후배가 또 그 후배에게, 또 그 후배에게 좋은 영향력이 퍼져 나갈 것입니다. '시작은 미약하였으나 그 끝은 창대하리라.'라는 말처럼 시간이 좀 걸릴지라도 말입니다.

피터 드러커는 이렇게 말합니다.

"기업을 이끌기 위해서는
경영자는 끊임없이 배우고 습득해야 하는 다양한 품성을 갖춰야 합니다.
그중에서도 다른 사람에게 봉사하고자 하는
소망이 중심이 되어야 합니다."

경영자는 참 할일이 많습니다. 최근 SNS의 발전과 더불어 사람들의 변화가 눈에 띄게 목격됩니다. 성공한 사업가들은 SNS 활동을 활발하게 하고, 사람들이 자기계발을 하도록 독려하고 있습니다. 그들은 사업적인 성공에 대한 내용뿐만 아니라 건강한 삶에 대해서도 이야기하고, 독서나 명상, 글쓰기 등의 자기계발의 중요성을 이야기하죠. 이들에게 영향을 받은 사람들도 성공과 건강, 자신의 개발에 집중합니다. 좋은 리더들은 이처럼 선한 영향력을 펼치고 있습니다.

필자의 또 다른 교육계 사업체인 페디에듀의 취지도 네일 시장의 좋은 변화를 선순환하는 것과 일맥상통합니다. 경력이 단절된 사람, 고 경력자가 되었지만 오히려 갈 곳이 없는 사람, 1인 숍으로 시작했으나 운영이 버거운 사람, 가격 하락으로 돌파구를 찾는 사람들을 돕는 겁니다. 이런 교육이 필요한 사람들에게 재교육을 실시해서 다시 삶의 희망을 찾을 수 있도록 도와주는 것이 페디에듀의 비전입니다.

이외에도 좋은 변화가 생겨야 하는 이유는 너무나 많습니다. 한 사람 한 사람이 좋은 방향으로 변화하는 것이 호수에 던진 돌이 파문을 일으키듯이 주변 사람들의 마음에도 울림을 줄 수 있기 때문입니다. 사람들의 마음속에는 변화에 대한 갈망이 늘 존재하기 때문이지요. 또한 산업이 안정화되고 발전하게 된다면 일자리가 많아지고 취업할 수 있는 기회도 점점 늘어날 겁니다. 그러면 직업인으로서 자부심도 갖게 되고, 개개인의 행복도 커질 것입니다.

페디에듀를 바탕으로 교육을 생각하다

선순환을 위해 내가 할 수 있는 일에는 무엇이 있을까를 고민하였습니다. 어떤 일을 오랫동안 지속하면서 좋은 성과를 내려면 그 일을 좋아하고, 잘해야 합니다. 이런 긴 고민끝에 교육이라는 단어가 떠오르더군요. 저는 교육을 참 잘하는 사람입니다. 상대방이 이해하기 쉽게 설명하고 발전할 수 있도록 돕는 역할을 잘합니다. 선순환을 위해 내가 할 수 있는 일은 '바로 후진 양성이겠구나.'라는 결론에 도달하게 되었지요.

미용 관련 업종은 완벽한 서비스업이라고 앞에서 말씀드린 바 있습니다. 그중에서도 네일 서비스업은 감정 노동의 강도가 가장 심한 직업 중 3위일 정도로 감정 노동의 강도가 높습니다. 이처럼 네일 서비스업을 포함한 미용 업종은 기술력과 서비스 마인드를 철저하게 갖춰야 하는 직업입니다. 그렇기 때문에 많은 교육이 필요한 업종이기도 합니다. 그래서 필자는 미용업을 서비스업이면서 교육업이라 생각하고 있습니다. 고객에게는 필요한 서비스를, 미용업을 하고자 하는 사람에게는 수준 높은 교육을 제공하는 것이 저의 사명이자 비전이라고 생각합니다.

어느 업계나 같은 업종에서 일하는 사람들이 설립하고 운영하는 협회가 존재합니다. 좋은 목적을 가지고 시작한 단체라 하더라도 시간이 지나면 퇴색되는 경우를 많이 봐왔습니다. 처음에는 같은 일을 하는 사람들끼리 서로 돕자는 취지에서 협회를 만듭니다. 좋은 목적으로 시작했지만, 시간이 지나면 개개인의 이익을 추구하느라 원래 추구했던 긍정적인 목적은 사라지는 경우가 많습니다. 사람들의 지혜와 힘이 모이면 상상도 하지 못할 결과물을 만들 수 있을 텐데 이런 상황은 안타까웠죠.

'지혜와 힘을 모아 서로 도와가면서 일할 수 있는 방법은 없을까? 오랫동안 변치 않고 함께할 수 있는 방법은 없을까?' 고민했습니다. 그리고 원했습니다. 협회와 같은 단체들이 변질되거나 퇴색되는 원인은 구조적인 문제라고 생각합니다. 권력이나 재력의 크기대로 서열이 매겨지고 관계가 정해지기 때문입니다. 상하 구조, 상명하복 없이 모두가 평등한 조건과 자격을 가지고 자신의 목소리를 내는 것만이 해결책이지 않을까 하는 생각이 교육 콘텐츠 그룹 페디에듀의 설립으로 이어지게 되었습니다.

"현재 사업만으로도 바쁠 텐데 왜 페디에듀를 만든 거예요?"

이런 질문을 많이 받습니다. 당연히 기존의 사업을 하고 있으면서 또 다른 사업을 시작한다는 것은 쉽지 않습니다. 그럼에도 불구하고 개인 사업도 아닌 그 어렵다는 공동 사업을 시작한 이유는 다음과 같습니다.

첫 번째 이유는 네일업에 종사하고 있는 소상공인들 때문입니다. 직원이 많은 대형 매장이든, 혼자서 작게 운영하고 있는 1인 매장이든 어디나 어려움이 존재합니다. 시장은 빠르게 변화하고 있습니다. 어려움이 닥쳤을 때 기대거나 상의할 곳 없는 사람들에게 힘이 되기 위해서입니다.

두 번째 이유는 정년이 없을 것 같은 자영업에도 정년이 있기 때문입니다.

나이가 들어 현장에서 일하기 어려울 때가 오면 그동안 쌓아 왔던 기술과 운영 노하우를 전달하는 일을 할 수 있습니다. 강사는 제2의 직업이 될 수도 있습니다. 강의를 원하는 사람들의 터전을 만드는 것이 목표 중의 하나입니다.

페디에듀는 문제성 발 관리 매장 경영에 필요한 다양한 교육 콘텐츠를 제공하는 교육 그룹입니다. 일반적인 기술 스킬업 교육, 네일 숍 경영, 창업 컨설팅, 리더십 교육, 조직 문화 개선 워크숍 등의 교육도 진행하고 있습니다. 참여자가 주인공이 되는 학습자 중심의 교육을 지향합니다. 강단에 서서 주입식으로 교육하는 게 아니라 서로 의견을 나누는 과정에서 배우게 됩니다. 이런 교육 방법은 동기부여와 함께 자발적 참여를 유도하므로 최근 들어 크게 각광받고 있습니다.

페디에듀는 공부할 수 있는 터를 만들고 혼자서 일하기 힘든 사업주가 있다면 의지할 수 있는 친정 같은 곳을 지향합니다. 또한 힘들고 어려운 직원 교육을 품앗이처럼 공동으로 진행하여 품을 더는 큰 성과를 거두고 있죠. 1년 동안 페디에듀를 통해 교육받은 원장님과 직원들이 남겨준 교육 후기를 통해 페디에듀의 성과를 확신할 수 있었습니다.

"2022년 페디에듀에서 세미나 완료 후 교육 내용대로 했더니 매출이 바로 이어지네요. 늘 감사드려요. 2023년도 파이팅입니다."

"모든 수업 수강 후 마지막 정리 수업까지 숍에서 유용하게 쓸 수 있는 프로모션 내용과 고객과의 실전에서 사용 가능한 시나리오 실습이 참 좋았습니다. 샵 매출 상승으로 이어질 듯합니다. 고객님 발 특성상 적용 가능한 제품 교육도 앞의 교육 내용을 뒷받침해 주는 점이 좋았습니다."

"강사님들 모두가 너무 열정적이고, 강의 준비를 전략적으로 해주셨어요. 전문적인 지식을 통해 겉으로만 알고 있던 점을 다시 배울 수 있었고 평소에 배우기 힘든 서비스업에 대해서도 알 수 있어서 유익했던 강의였습니다."

"처음 교육을 신청할 때 개개인의 교육생들이 어느 정도 수준인지를 미리 파악하여 교육을 진행하시는 게 참 좋았습니다."

"교육 내용이 방대하지 않고 포인트만 짚어서 강의해 주서서 그런지 지루할 틈도 없이 교육에 집중할 수 있었습니다."

"소수 인원 집중 교육이어서 실습할 때 교육생 옆에 한 분씩 붙어서 가르쳐 주신 점 또한 좋았습니다."

이외에도 여러 매장의 직원들이 양질의 교육을 한 번에 받게 할 수 있다는 점이 강점이 되었습니다. 페디에듀의 새로운 비전이 최근 하나 더 생겼습니다. 일 년에 한 번은 즐겁게 워크숍을 진행하는 것입니다.

'페디에듀에서 교육받은 네일인들과 함께 화합하며 성장하는 장을 만들어 보자. 단순히 놀고먹는 워크숍이 아니라 의미 있고 발전하는 기회가 되도록 하자.'

신나는 목표가 있으면 더 열심히 하게 되죠. 네일 산업 발전에 도움이 되는 페디에듀가 될 것이라고 믿습니다.

※

공동의 사업이 성공할 수 있는 방법

페디에듀는 나 혼자 운영하는 형태가 아니라 조직원 모두의 힘으로 운영되는 공동 사업입니다. 5명이 함께 만들었죠. 비즈니스 모델을 세우는 것도, 설립에 필요한 서류 업무까지 5명이 함께했습니다.

보통 '동업'이라고 하면 좋지 않은 인식을 가지고 계시죠? 이런 형태의 동업을 충분한 협의없이 시작하면 분업과 이익 분배, 조직원 사이의 갈등이 발생하여 운영이 어렵습니다. 실제로 많은 동업 사업자들이 해결하지 못한 문제를 끌어안은 채 1년을 버티지 못하고 해산, 폐업하는 경우가 상당히 많습니다.

하지만 성공할 수 있는 방법이 있습니다. 이제부터 소개해 드리기로 하겠습니다. 건강한 조직을 만들기 위해서는 화합과 가치관 공유가 중요합니다.

✔️ 왜 교육 사업을 시작하려고 하는가?
✔️ 페디에듀의 비전과 미션이 무엇인가?
✔️ 페디에듀가 주는 이익은 무엇인가?
✔️ 페디에듀를 운영할 때 어려운 점은 무엇인가?
✔️ 어려운 점은 어떤 방식으로 해결할 것인가?

이런 주제의 대화가 충분히 이뤄지는 것이 기본입니다. 페디에듀는 외부에서 퍼실리테이터*를 초빙하여 소통 방법부터 변화시켰습니다. 퍼실리테이션을 통해 우리 조직원들이 원하는 가치를 실현할 수 있는 비전과 목표를 정확

히 제시할 수 있었습니다. 또한
목표를 달성할 수 있도록 모두의
참여를 이끌어내고 스스로의 가
능성과 재능을 어떻게 활용할 수
있을지 고민했습니다.

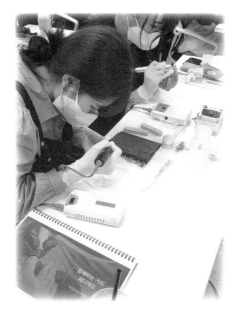

예전의 회의 방식이었다면 자
신의 의견만 내세우거나 반대로
의견을 말하지 않는 편을 선택했
을 겁니다. 적극적으로 참여하지
않으면 해결책도, 의사 결정에도
동의하지도 않아 십중팔구 실패로 이어질 겁니다.

어떻게 하면 실패를 줄이고 성공의 방향으로 나아갈 수 있을까요? 앞에서
도 언급한 바 있는 안전지대 즉 모두가 참여할 수 있고, 심리적으로 안전한
환경이 우선되어야 합니다. 핵심을 간파하는 질문을 통해 문제점을 발견하고
풀어가도록 합니다. 스스로 참여하도록 유도하는 것이 가장 중요합니다.

자발적인 의사 결정은 책임감 있는 일원으로 조직에 기여할 수 있는 힘을
길러줍니다. 또한 갈등과 문제를 성공적으로 해결할 수 있습니다. 이런 과정

---

* 퍼실리테이터(facilitator): 개인이나 집단의 문제 해결 능력을 키워주고 조절함으로써
  조직체의 문제와 비전에 대한 자신의 해결책을 개인이나 집단으로 하여금 개발하도록
  자극하고 돕거나 중재 및 조정 역할을 담당하는 사람(출처 : HRD 용어사전)

을 통해 모든 회의를 생산적으로 변화시키게 됩니다. 개인적인 헌신, 조직에 대한 충성심, 소속감 형성 등의 효과를 얻게 됩니다.

페디에듀는 우선 비전과 미션에 대한 정의를 확실히 세웠습니다. 문제나 갈등이 생겼을 때 비전과 미션을 통해 해결하기 위해서입니다. 여러 번, 긴 시간을 투자하여 소통 시간을 가졌습니다. 조직원들의 생각을 파악하고 조율해 나가는 과정이 쉽지는 않았지만 더욱 견고해지고 단단해지는 것을 느낄 수 있었습니다. 가장 좋았던 부분은 같은 업종에서 일하는 사람끼리 만났기 때문에 서로 돕고 위로받을 수 있는 점이었습니다.

공동 사업에서 가장 중요한 건 도덕성이라고 생각합니다. 정직함을 바탕으로 약속을 잘 지켜내는 것. 이는 무엇보다도 기본이 되어야 하죠. 더불어 이타심과 나눔의 철학을 가진 사람들이 모여야 실패 없는 운영이 가능합니다. 서로 합심해서 공동 비전을 가지고 나아갈 수 있도록 끊임없이 노력해야 합니다. 동등한 권리와 책임을 가진 공동 사업을 생각한다면 명심하시기 바랍니다.

여러분의 성공적인 매장 운영도 응원하겠습니다.

epilogue

"나 네일 숍 차릴 거야! 강의도 오랫동안 해봤고, 아트디렉터도 해봤고, 이제 내가 경영자가 되는 길만 남았어."

"자영업이 쉬운 줄 알아? 하지 마~ 하지 마~."

"너 돈도 없잖아!"

모두가 뜯어말렸습니다. 매장을 오픈하겠다고 마음먹었을 때 제 수중에는 단돈 300만 원 정도만 있었습니다. 남편에게 대출받아 달라고 떼를 썼죠. 부부 싸움까지 하며 반대했지만 제 고집을 꺾을 수 없었던 남편은 6,000만 원을 대출받아 주었습니다.

막상 대출까지 받고 매장 계약서를 쓰니 겁이 덜컥 났습니다. 망하면 어쩌지? 남편에게 큰소리 펑펑 쳤으니 망하는 건 자존심이 허락할 수가 없었죠. 무조건 성공해야만 했습니다. 그냥 그럭저럭 먹고 사는 매장 말고 이 지역에서 제일 유명한 네일 숍이 되어야 한다고 마음먹었습니다. 이를 악물고 열심히 해서 1년 만에 대출금을 다 상환하였습니다.

매장을 직접 운영하는 과정은 돈보다도 제 자신을 성장시키는 최고의 방법이었습니다. 끊임없이 공부하고, 고민하고, 쓰러져도 다시 일어나야 하는 일이었죠. 사람과 사람 사이의 관계에서 상처도 많이 받고 눈물을 흘리기도 했지만, 많이 배우고 깨닫는 시간이었습니다.

이 책에서는 규모가 작은 매장을 운영하는 분들에게 도움이 되고자 매장 운영 방법과 마케팅 방법을 소개합니다. 매장 운영에 대한 내용을 직원/고객/매장/마케팅이라는 큰 카테고리로 나누고, 매뉴얼을 이용하는 방법으로 정리하는 과정을 다루었습니다. 또한 매장 운영자의 철학이 담겨 있어야 지속 가능한 성장을 이룰 수 있다는 것과 새로운 시장에 대한 비전을 담았습니다.

이 책은 매장 운영에 대한 매뉴얼을 중점적으로 다루었습니다. 혹시 브랜딩 영역까지 관심이 있으신 분들은 《모든 비즈니스는 브랜딩이다》, 《브랜드 브랜딩 브랜디드》와 같은 책을 참고하면 좋습니다. 또한 피터 드러커와 같은 리더십의 대가의 책인 《피터 드러커 CEO의 8가지 덕목》, 《피터 드러커의 경영을 읽다》와 같은 책을 참고하시길 추천합니다. 철학이 담긴 매장이 오래갈 수 있습니다.

'작은 매장 운영의 바이블'과 같은 이 책을 통해 여러분의 매장이 성공의 길에 한 걸음 더 다가가길 기대합니다. 무엇보다 매장 운영에서는 직원들의 교육이 가장 중요하고, 좋은 관계를 유지하기 위한 끊임없는 노력을 당부드립니다.

감사의 인사를 전할 분들이 너무 많습니다. 김인혜 부원장은 네일 포유의 모든 시스템과 매뉴얼을 함께 만들고, 조직 문화가 정착될 수 있게 한결같이 지지해 준 사람입니다. 중간에 포기하고 싶어도 그녀의 성장하는 모습이 보고 싶어 더 열심히 매장을 만들어 가게 되었습니다. 함께해 주어 고맙습니다.

글쓰기에 발을 들여 놓게 해 주신 스승 한근태 소장님, 저의 문우들 글세바

(글쓰는 사람이 세상을 바꾼다) 여러분, 늘 응원과 격려로 지지를 아끼지 않는 페디에듀 신현주, 김진영, 진연경, 김여울 이사님들 고맙습니다. 항상 바쁜 저를 배려해 주시고 부족한 글도 칭찬해 주시며 책을 완성할 수 있게 도와주신 책쓰기 스승 장치혁 대표님께 진심으로 감사드립니다.

준, 그리고 저를 멋진 엄마로 살게 해준 두 딸 은겸, 은유에게 이 책을 바칩니다.

2023년 봄

네일포유 매장에서 신희선 씀